OMBUDSMAN NOS BANCOS

AGENTE DE MUDANÇAS NAS INSTITUIÇÕES BANCÁRIAS BRASILEIRAS

Musa
Administração

volume 1

Catalogação na Fonte
do
Departamento Nacional do Livro

P659o

Pinto, Odila de Lara.
  Ombudsman nos bancos : agente de mudanças nas instituições bancárias brasileiras / Odila de Lara Pinto. – São Paulo : Musa, 1998.
  160p. ; cm.

  ISBN 85-85653- 32-9

  1. Ombundsman – Brasil. 2. Administração bancária – Brasil.
  I. Título.

CDD-328.345

Odila de Lara Pinto

OMBUDSMAN NOS BANCOS

Agente de Mudanças nas
Instituições Bancárias Brasileiras

EDITORA

© *Odila de Lara Pinto, 1998.*

Capa: *Laura Cardoso Pereira*
Revisão: *Musa Editora*
Editoração eletrônica: *Nelson Canabarro*

Todos os direitos reservados.

Musa Editora Ltda.

Telefax: (011) 3871 5580　　Rua Monte Alegre, 1276　　Caixa Postal 70 539
　　　　　(011) 3862 2586　　05014-010 São Paulo SP　　05013-990 São Paulo SP

Impresso no Brasil • 1998 • 1ª ed.

A meu irmão Odil e aos meus pais, Otílio
in memoriam *e Irany Amélia.*

Agradecimentos

Este livro teve como base a minha Dissertação de Mestrado defendida na Universidade de Brasília – UnB, em julho de 1993. Registro os meus agradecimentos a todos que colaboraram direta ou indiretamente para a sua publicação.

Aos ombudsman entrevistados, em especial, Marco Aurélio Klein, Sílio Jader Noronha Brito e Hélio Telles de Carvalho, que foram generosos na prestação de informações.

À amiga, Maria Zélia Del Corso, pela contribuição na concepção final deste livro.

Aos meus familiares, dentre os quais destaco minha prima, Cleusa Maria Gomes Tâmbara, pelo incentivo e minha mãe, Irany Amélia de Souza, pela compreensão e carinho.

Sumário

Agradecimentos 8
Prefácio 13
Introdução 19

Primeira Parte

História e papel do ombudsman 23

Capítulo I
A história do ombudsman 25

1. O termo 26
2. Institutos comparáveis ao ombudsman 27
3. O ombudsman atual 30
   A origem: Suécia 30
   Expansão do ombudsman no resto do mundo 32
   Finlândia 33
   Noruega 34
   Dinamarca 36
   Nova Zelândia 37
   Inglaterra 38
   Alemanha 39
   Israel 39
   França 41
   Portugal 42
   Espanha 43
   Canadá 44
   Estados Unidos 45
   Itália 45
   Austrália 45
   Paquistão 45
   Rússia 46
4. O ombudsman no Brasil 47
   Quadro Sinóptico da Universalizaçãoe características do
   ombundsman 51

Capítulo II

O papel do ombudsman 55

1. Interface da empresa com o ambiente 57

Na sociedade 57
Na economia 58
Na educação 58
Na ecologia 59
Propostas de ombudsman 60
Na tecnologia e automação bancária 60

2. Defensor do cliente e do consumidor 61
3. Defensor do funcionário 64
4. Crítico da empresa 64
5. Promotor da qualidade 67

Segunda Parte

Experiência do ombudsman bancário no Brasil ... 69

Capítulo III

Requisitos para o exercício da função de ombudsman 71

1. Clima organizacional 72
2. Apoio institucional 73
3. Autonomia de ação 75
4. Qualidades pessoais 77

Capítulo IV

O ombudsman no setor bancário 79

1. Funções 79

Interface da empresa com a sociedade 80
Defensor do cliente 80
Promotor da qualidade 82

Odila de Lara Pinto 11

2. Experiências práticas de ombudsman no setor bancário 83
Austrália 83
Brasil 84
Banco Nacional S.A. 85
Banco Real S.A. 88
Banco Mercantil de Pernambuco S.A. 92
Banco do Estado da Bahia S.A. 93
Banco de Brasília S.A. 96

Capítulo IV
Confirmação empírica 99
1. Metodologia 99
2.Consultando a cúpula administrativa dos bancos 100
Nº de reclamações no Procon do Banco Nacional 112
3. Confirmação externa 112
Nº de reclamações no Procon do Banco Real 112

Capítulo VI
Conclusões e recomendações 115

Anexos
Anexo A
Questionário 125
Anexo B
Tabulação da questão aberta 131
Anexo C
Lista de Tabelas 133
Anexo D
Lista de Figuras 135

Referências bibliográficas 137

Prefácio

Originado na Suécia em 1809, o ombudsman encontra-se instituído, atualmente, em várias organizações, para ouvir queixas e sugestões dos clientes, e buscar soluções.

A partir de entrevistas realizadas junto aos ombudsman bancários, propôs-se um estudo descritivo dessas experiências. Este estudo revelou que, ao mesmo tempo que defende os interesses dos clientes, o ombudsman traz contribuições importantes para as organizações que o instituem. Depoimentos de ombudsman de diferentes empresas e entidades reforçaram a potencialidade do instituto.

Sua história e origem são abordadas para que a difusão do ombudsman se dê o mais próximo possível do propósito e características originais. Por ocasião de sua adoção, recomenda-se que sejam observados os requisitos aqui descritos para que ele possa atuar eficazmente, proporcionando benefícios, tanto para os clientes como para as empresas.

Este livro é um desdobramento da Dissertação de Mestrado que a autora apresentou como requisito final à obtenção do título de Mestre em Administração, pela Universidade de Brasília – UnB.

Odila de Lara Pinto
Brasília, abril de 1998.

I

(...) Representante dos interesses de todos os clientes junto ao Banco, o **ombudsman** *é o funcionário mais comprometido com o sucesso da empresa, pois interpreta as reclamações, sugestões e opiniões dos clientes, para melhorar ainda mais os serviços e produtos do Banco Real. Sílio Jader Noronha Brito, funcionário do banco Real desde 1965, foi escolhido em 1990 para desempenhar esta importante função. Neutralidade e responsabilidade são as características fundamentais daquele que deve transmitir o pensamento dos clientes do Banco diretamente à sua diretoria.(...)*

"NADA É IMPOSSÍVEL

Para o **ombudsman** *não existe a palavra* impossível. *Em seu departamento são proibidas as expressões:* não posso fazer nada; isso não tem jeito; sinto muito, mas é assim mesmo *ou* isso não é comigo. *Tudo o que os clientes levam ao* **ombudsman** *tem ajudado o Banco Real a aprimorar a qualidade de seus serviços, na busca de maior eficiência. O respeito aos clientes é a principal diretriz de seu trabalho, que só é possível com uma equipe comprometida com a satisfação do cliente."*

Sílio Jader Noronha Brito
OMBUDSMAN DO BANCO REAL
Real News, fev.1994

II

Após muitos anos exercendo funções bancárias em diversos setores, enfrento uma experiência inédita na Ouvidoria Geral do Baneb. Implantada em setembro de 1992, quando o Presidente Paulo Vianna acreditava nos benefícios que traria para o Banco. (...).

Receávamos que faltassem a paciência necessária e disposição para, diariamente, solucionar problemas da clientela. O volume de contatos pessoais e telefônicos era apreciável, a despeito da divulgação ainda não ter atingido a coletividade. (...).

O desafio maior, porém, estava na descrença por parte daqueles que nos procuravam, quanto à solução do que era pleiteado. Outro dificultador era a reação interna, pela inovação implantada, e se nos apresentava como o maior problema a ser enfrentado. Ainda hoje sentimos o "ranço" por parte daqueles que se julgam "senhores da verdade", "membros da família acomodada" e, mais ainda, o corporativismo tão nefasto às organizações, que ainda teima em subsistir, a despeito de já apresentar sintomas e preocupação pela sua inevitável extinção.(...).

Ficamos gratificados quando, em contato com a Dra. Odila de Lara Pinto, responsável por uma tese na Universidade de Brasília, sobre "Ombudsman", nos cobrava informações sobre o sucesso da nossa "Ouvidoria." Em sua pesquisa, de aproximadamente três anos, havia identificado que, em se tratando de banco oficial estadual, a cultura da organização e as ingerências políticas poderiam dificultar a obtenção de um resultado positivo desta nossa atribuição.

Entretanto, a realidade no Baneb mostrou-se altamente favorável, acreditamos termos obtido, se não o ideal, porém, resultados que justificam a criação de um serviço tão benéfico aos clientes e ao crescimento de nosso Banco.

Segundo Odila de Lara Pinto, *O Ouvidor isoladamente não soluciona todos os problemas da organização, mas é colaborador eficaz de outros mecanismos existentes.*

Ao exercer o seu papel de defensor do cliente na organização, o ombudsman tem-se revelado um importante instrumento de interação entre empresa e ambiente, aliado na defesa dos direitos do consumidor na busca de soluções de conflitos extrajudicialmente e colaborador eficaz com os programas de qualidade implantados nas organizações.

Se os canais internos estiverem bloqueados e as relações internas complicadas, o Ombudsman em nada poderá contribuir para o cliente e a empresa.

Resultados reais decorrem do apoio e da conscientização que o Presidente Paulo Vianna dispensa a todas as mudanças necessárias à atualização desta organização, que hoje responde aos anseios daqueles que militam junto à mesma."

Hélio Telles de Carvalho
Ouvidor Geral do Baneb
O Banebiano, – 16.12.93

Introdução

As empresas estão se modificando em função do ambiente externo, captando os anseios de sua clientela, antecipando-se às necessidades desta e adaptando seus produtos e serviços para a satisfação das expectativas. Técnicas e mecanismos vários estão sendo utilizados no relacionamento das organizações com os diversos públicos de seu ambiente, destacando-se o marketing, as pesquisas de mercado e o ombudsman.

A figura do ombudsman tem sido amplamente utilizada por diversas organizações modernas, proporcionando benefícios para o relacionamento cliente e empresa, tanto no aspecto econômico como nas relações judiciais.

O ombudsman foi previsto em lei pela primeira vez na Suécia, em 1809, e visava defender os cidadãos que tivessem seus direitos individuais lesados pela administração pública. Hoje, nas organizações de um modo geral, tem a função principal de representar o cliente no seu relacionamento com a empresa, recebendo críticas ou sugestões para solução de problemas.

Ao tempo em que atua buscando solucionar problemas e reduzir insatisfações dos clientes, extrajudicialmente, o ombudsman tem proporcionado outras vantagens para as organizações que o adotam. Provoca mudanças de procedimentos e de normas, visando à satisfação das necessidades da clientela, com implicações na melhoria da qualidade dos produtos e serviços; busca interação entre os diversos departamentos; detecta pontos de estrangulamento na empresa e contribui para mudança de postura administrativa, tornando as organizações mais orientadas para o cliente. Para o desempenho da sua função, pode contar com a colaboração de programas de Desenvolvimento de Recursos Humanos.

O cliente torna-se o controlador de qualidade dos serviços e o ombudsman, importante mediador entre o cliente e a empresa, quando os níveis de qualidade apontados pelo primeiro não forem satisfatórios.

Originariamente uma função pública, presentemente o ombudsman vem sendo adotado por diversas organizações no Brasil. A atualidade do tema exigiu um estudo sistemático do assunto.

O presente livro, inicialmente, descreve a história do ombudsman, o significado do termo, as características, o desenvolvimento e os institutos comparáveis ao ombudsman, apontados por alguns autores.

Apresenta, a seguir, exemplos do papel do ombudsman para melhor entendimento da potencialidade do instituto. Continua com o esclarecimento dos requisitos necessários ao exercício eficaz da função do ombudsman, que difere dos demais serviços de atendimento ao cliente.

Em seqüência, esta obra descreve as contribuições que o ombudsman trouxe às instituições bancárias que o adotaram. Os fatores qualidade e serviços, nas referidas organizações estão intimamente relacionados, devido à intangibilidade e simultaneidade de produção e consumo.

A realização de entrevistas com os ombudsman de bancos brasileiros e o recurso a artigos de jornais, revistas e *folders* para descrição dessas experiências constituem importante fonte de conhecimento, já que não existe quase nada, na literatura nacional, sobre a atuação do ombudsman na área bancária. Confirmando as concepções teóricas, os ombudsman entrevistados foram cordiais, prestativos e bastante solícitos. Pode-se dizer que a receptividade foi coerente com a natureza de suas funções.

Em seguida, encontra-se a confirmação empírica, que se resume na coleta das opiniões dos diretores sobre a atuação e contribuições dos ombudsman de seus bancos.

O trabalho é finalizado com a apresentação das conclusões e recomendações extraídas do presente estudo.

A preocupação de iniciar um estudo científico dessa experiência, na área bancária, justifica-se no momento em que sua adoção deve ser feita dentro de características originais, para que se obtenham os benefícios dela decorrentes. Convém esclarecer que o ombudsman é diferente de um serviço de atendimento ao cliente e que, isoladamente, não soluciona todos os problemas da organização.

Ao mesmo tempo que corrige falhas específicas ocorridas no atendimento das necessidades dos clientes, esclarece atos administrativos, recebe sugestões para melhorias da prestação dos serviços, o ombudsman, para ser eficaz, deve ser, ainda, contextualizado com outros mecanismos de proteção ao consumidor e propósitos internos de exação e bons serviços.

Das pesquisas realizadas, registramos, no presente trabalho, as declarações do Banco Nacional e Banco Real, onde se procurou analisar, entre outros, os seguintes aspectos: origem do cargo, início das atividades, características da pessoa do ombudsman, funções, competência, forma de atuação, contribuições e limitações.

Também foram feitos contatos com ombudsman de outras organizações, que revelaram a potencialidade do instituto, tais como: ombudsman do Banco Mercantil de Pernambuco, do Baneb, do Procon de São Paulo, do Laboratório Sardalina, do Governo do Estado do Paraná, da Cesp e da *Folha da Tarde*, além do chefe do Serviço de Atendimento ao Cliente de um determinado banco, cujo nome foi omitido e que esclarece as dificuldades de suas atribuições em relação à função. Os agradecimentos a todos pelas valiosas informações.

Finalizando, conclui-se que, pelas contribuições que o ombudsman proporciona às organizações que o instituem, é recomendável a sua disseminação dentro do propósito e carcaterísticas originais.

Este trabalho fornece subsídios importantes para os que desejarem instituir a função ombudsman, adequando sua atuação à cultura organizacional da empresa e aos seus respectivos clientes.

Primeira Parte

História e papel
do ombudsman

Capítulo I

A história do ombudsman

Este capítulo trata do surgimento do primeiro ombudsman sueco, que se difundiu, inicialmente, por outros países escandinavos – Dinamarca, Finlândia e Noruega – e, posteriormente, pelo mundo todo. Trata também da origem e significado do termo e dos institutos análogos ao ombudsman.

Prossegue descrevendo o ombudsman de alguns países que, ao adotá-lo, o adaptaram às possibilidades ou necessidades locais.

1. O termo

A palavra ombudsman é de origem nórdica e segundo Guillén[1], se decompõe no prefixo *om*, da raiz *bud*, e do sufixo *man*. Sendo que:

– *man* significa, em germânico ocidental (nórdico, gótico, holandês, alemão, frisão, anglo-saxão), homem.

– *bud* equivalente ao alemão *Bote*, ao flamengo *Bode*, é o enviado, embaixador, delegado.

– *om*, em alemão *um* e em holandês *om*, significa movimento ao redor de um ponto médio, em torno, em direção para.

De modo que ombudsman, literalmente, significa "homem que dá trâmite." E de acordo com Costa (1991), *ombud* significa representante, delegado e *man*, homem. Ombudsman, portanto, seria o procurador, o defensor ou, ainda, aquele que representa.

Tanto na forma sueca como na inglesa a pronúncia do termo é proparoxítona (ômbudsman), mas no Brasil é paroxítona (ombúdsman). Na forma inglesa, o plural de ombuds**man** é ombuds**men**. E como seria o seu feminino? Ombudswoman?[2] Segundo Leite (1975), em português deve-se usar a mesma forma tanto para o singular como para o plural (ombudsman). E para fins do presente trabalho, foi acatada a sua forma invariável (em núme-

---

[1] Citado em ÁNGELIS, Dante Barrios de. *Introducción al Estudio del Proceso*. Argentina: Ediciones Depalma Buenos Aires, 1983. p.145.

[2] Termo citado na *Folha de S. Paulo*, 30 de janeiro de 1992, no 3º Caderno, sob o título: "Grupo Garavelo tem ombudswoman".

ro) e comum-de-dois (em gênero). O "Aurélio" apenas define o termo, sem tratar de outros aspectos lingüísticos.[3]

2. Institutos comparáveis ao ombudsman

Brito (1991), Neto (1985), Leite (1975) e outros apontam diversas experiências na História, que consideram análogas ao instituto do ombudsman, introduzido na Constituição Sueca de 1809 para defender os cidadãos lesados em seus direitos pelo Estado. Essas experiências, entretanto, denotam uma preocupação mais acentuada na defesa do Estado ou interesses do rei e, principalmente, do erário público do que propriamente dos cidadãos.

No Egito Antigo, citam o Vizir do Faraó.

No Império Persa, na época de Ciro, "Os Olhos e Ouvidos do Rei", contava com auxiliares na fiscalização das autoridades e funcionários do Império, devendo relatar ao rei as anormalidades encontradas para que o mesmo as corrigisse.

Na Grécia Antiga, os EUTHYNOI, [4] em número de dez, auxiliavam os auditores de contas (logistas) a fiscalizar os funcionários de Atenas na prestação de contas de sua administração, ao final de seus respectivos mandatos. Todos os funcionários estavam

---

[3] "OMBUDSMAN (Búds). [Do sueco ombud, "representante", "deputado", + ingl. man, "homem".] 1.Nos países de democracia avançada como, p. ex., a Suécia, funcionário do governo que investiga as queixas dos cidadãos contra os órgãos da administração pública. 2. P. ext. Pessoa encarregada de observar e criticar as lacunas de uma empresa, colocando-se no ponto de vista do público: "o ombudsman critica o próprio jornal que lê, com olhos do leitor" (*Jornal do Brasil*, 25/6/1985)." FERREIRA, Aurélio Buarque de Holanda. *Novo Dicionário da Língua Portuguesa*. 2 ed. Rio de Janeiro : Nova Fronteira, 1986.

[4] Termo EUTHYNOI no "The Oxford Classical Dictionary" e EUTHYNI na "Oskar Seyffert Enciclopedia Clásica de mitologia, Religión, Biografías, Lieratura, arte y antigüidades".

obrigados a esse procedimento. Os logistas constituíam a autoridade suprema à qual os magistrados, terminado o período do exercício de suas funções, submetiam suas contas. Aos EUTHYINOI, no prazo de trinta dias após o término do mandato, cabia publicar um aviso para que interessados em apresentar queixas contra a administração desses funcionários se manifestassem. Os EUTHYNOI examinavam as queixas e notificavam, se necessário, os que eram responsáveis e devolviam as contas aos logistas com um informe para os procedimentos legais.

Os ÉFOROS[5], em número de cinco, eram eleitos anualmente entre todos os cidadãos de Esparta e a eles eram confiados grandes poderes políticos que lhes permitiam exercer um controle sobre os reis e sobre todos os outros magistrados. Podiam castigá-los com multas, reprimendas, perseguindo-os mesmo diante do Senado e ameaçando-os com a destituição e a morte.

Na Antiga Roma, o *Tribunus Plebis*, ou Tribuno do povo defendia os direitos e interesses das classes pobres contra a opressão dos patrícios, quer apresentando ou vetando projetos de lei.

Na velha China, o "funcionário YAN", na Dinastia HAN (206 a.C.-220 d.C.) recebia as reclamações da população referentes às injustiças da administração imperial chinesa.[6]

Ainda foram citados os *Missi Dominici* (Emissários do Senhor) da

---

[5] Ephori, no Anthony Rich Dictionnarire Romaines et Grecques Lodes Antiquités.

[6] Este funcionário YAN, citado pelo ombudsman do Banco Real em entrevista, talvez se refira à: 1) *CHANG YANG*, pessoa que se destacou pela formulação da estratégia diplomática e política do Império. Foi um profundo conhecedor da dinâmica da política e da diplomacia. 2) *Chi Se*, nomeado pelo imperador na Dinastia Han, para a função de supervisionar os trabalhos administrativos dos governos locais. Poderia ser confundido com o ombudsman devido ao seu poder de supervisionar a administração. 3) Chen Feng Wu, Adido Cultural da Embaixada da China em Brasília, mencionou como podendo ser o referido funcionário YAN, *Yan Yan Nian* (? – 58 AC), que foi muito aplaudido pelo povo quando foi mandado pelo

Igreja Medieval, criados no reinado de Carlos Magno, e o "Conselho dos Dez", na Veneza do século XV. As reclamações eram depositadas dentro da boca aberta do leão, monumento ainda hoje existente, da qual eram retiradas pelo conselho para exame e solução.

No Brasil-Colônia, a figura do "Ouvidor-Geral", provido pelo rei, exercia uma ação fiscalizadora sobre a administração da Justiça nas capitanias dando conta ao rei. Gallo (1986) credita ao poder fiscalizatório o fato de alguns compararem o ouvidor ao ombudsman, mas esclarece que as duas instituições são distintas.

---

imperador à região Zhuo Jiun, para suprimir diversas atrocidades praticadas contra o povo por duas famílias poderosas daquela região. 4. "Precursors of the ombudsman may be seen in the Chinese *Yuan* (a corps of inspectors for control of the bureaucracy)". (Encyclopaedia Britannica, 1968. v. 16, p. 961)

3. O ombudsman atual

A origem: Suécia

Em 26 de outubro de 1713, o rei Carlos XII da Suécia, criou o ofício de *Konungens Högste Ombudsmannen* (Supremo Representante do Rei), a quem cumpria supervisionar a execução das leis e atividades dos servidores públicos. O rei passou doze anos afastado e temia que o país caísse em desorganização enquanto se encontrava ausente do reino, em campanhas bélicas e negociações de paz.

Em 1719, a denominação do Supremo Representante do Rei foi alterada para *Justitiekanslern* – JK (Chanceler da Justiça).

Em 20 de agosto de 1772, o rei Gustavo III, à frente de um golpe de Estado, dita uma nova Constituição (*Regeringsform*) nomeando o Chanceler da Justiça (JK) para servi-lo como seu conselheiro de confiança. O Chanceler passa a depender novamente do rei.

Em 1776, com o fortalecimento do Parlamento (*Riksdag*), o Chanceler (JK) passa a ser nomeado pelo Parlamento e não mais pelo rei, para controlar a administração e a justiça, devendo prestar contas do exercício de suas funções através de um relatório apresentado ao Parlamento. Este período histórico pode ser visto como precedente do ombudsman, previsto somente na Constituição Sueca de 1809.

Assassinado Gustavo III e deposto seu sucessor, Gustavo IV, em 1809, a Suécia livra-se do período absolutista. O Parlamento volta à plenitude de seus poderes e é promulgada uma nova Constituição (*Regeringsform*), que vigorou até 1974, institucionalizando o *Justitieombudsman (JO)*,[7] com a finalidade de estabelecer um equilíbrio entre o Poder Monárquico e o Parlamento.

---

[7] *Riksdagens Justitieombudsman*, literalmente, "Agente da Justiça do Parlamento".

A Constituição sueca de 6 de junho de 1809 oficializou o ombudsman, que deveria ser escolhido entre cidadãos de marcante integridade e competência legal. O Barão de Lars, Augustin Mannerheim, foi nomeado em primeiro de março de 1810, pelo Parlamento, com a finalidade de fiscalizar a observância das leis por parte de todos os funcionários e empregados no exercício de suas funções públicas, bem como de instaurar processos nos tribunais próprios contra os que praticarem ato ilícito ou se omitirem no cumprimento do dever.

Em 19 de maio de 1915, foi instituído o ombudsman militar *(Militieombudsman – MO)*, para controlar a administração militar. Em 1967, houve uma reforma que aprovou a criação de um terceiro ombudsman, para cuidar de matérias da esfera cível. A função, embora repartida entre três ombudsman com diferentes esferas de atribuições, foi unificada no mesmo nível de importância e sob uma mesma denominação *Justitieombudsman* (ombudsman).

Atualmente, qualquer cidadão sueco, cujo direito ou de terceiro foi lesado, ou mesmo ameaçado, pode apresentar reclamação ao ombudsman, diretamente, sem intermediário e sem ônus, oral ou formalmente.

Recebidas as reclamações, o ombudsman decide da própria competência, isto é, faz uma triagem e, se julgar conveniente, inicia a fase de averiguação, lançando mão de amplos poderes investigatórios. Seu poder de informação abrange os poderes de inspetoria, de exame da documentação das administrações, de presença em deliberações em órgãos administrativos e órgãos jurisdicionais.

Uma simples intervenção do ombudsman junto ao órgão competente em geral é suficiente para a solução do caso, devido à sua idoneidade. Se for desatendido ou se persistirem comportamentos insatisfatórios, o ombudsman se dirigirá ao superior hierárquico para procedimentos de ação disciplinar ou, ainda, à autoridade jurisdicional, podendo o infrator ser condenado por abuso de função com suspensão, demissão ou até mesmo prisão.

Os ombudsman não possuem o poder de revogar ou anular decisões, mas de persuasão e influência. Podem recomendar ou propor mudanças nas ações governamentais.

As reclamações podem ser consideradas improcedentes pelo ombudsman, por carecerem de fundamento ou respaldo legal. Nestes casos, ele presta o devido esclarecimento ao queixoso. Outras vezes, ainda cabe recurso para uma hierarquia administrativa, ocasião em que o ombudsman encaminha o processo ao órgão competente e avisa o cidadão da providência adotada.

O ombudsman também pode investigar questões de que toma conhecimento por outros meios, como a imprensa, ou por sua própria iniciativa.

A imprensa exerce um importante papel, informando a sociedade dos resultados das investigações e apurações do ombudsman. Ao denunciar falhas na Administração, contribui para difundir os princípios de justiça entre os cidadãos.

Expansão do ombudsman no resto do mundo

A partir da criação do ombudsman sueco (*Justitieombudsman – JO*), em 1809, progressivamente outros países adotaram a instituição, às vezes seguindo fielmente o modelo sueco e em outras, com pequenas adaptações ou alterações. Em alguns casos, o nome originário foi mantido; em outros, modificado, traduzindo-se apenas o significado da palavra.

Os primeiros países a adotarem o ombudsman foram a Finlândia, a Noruega, a Dinamarca e a Nova Zelândia. E assim, sucessivamente, o instituto foi se universalizando como descreve Robles & Delgado (1977), dentre outros, constituindo-se, mesmo depois de mais de cento e oitenta anos de sua criação, em tema atualíssimo, sendo objeto de estudo para vários países. O Brasil teve vários projetos propondo sua adoção.

Finlândia

De acordo com Hidén (1973), o ofício do ombudsman finlandês (*oikeusasiamies*, literalmente "agente da lei") foi instituído quase que casualmente na primeira Constituição, promulgada em 17 de julho de 1919.

No dia 6 de dezembro de 1917, a Finlândia se torna independente. Necessitando elaborar uma constituição e devido à proximidade histórica com a Suécia, a Finlândia acabou copiando alguns dispositivos constitucionais suecos, que incluía a provisão de um ombudsman.

A Finlândia, país que adota o sistema parlamentarista, é governada pelo Presidente conjuntamente com o Conselho de Estado. O Presidente nomeia os membros do Conselho de Estado entre as pessoas que gozam de confiança do Parlamento. O Chanceler da Justiça, que atua como um guardião da legalidade interna da estrutura governamental, inspeciona o Conselho de Estado e também o Presidente. Dentro de suas funções está a possibilidade de solicitar sua participação nas sessões e audiências do governo. Ele funciona quase como um membro permanente, enquanto o ombudsman está somente relacionado com o Parlamento e é eleito por um curto período de tempo. Assim, é possível explicar por que, ainda hoje, o Chanceler da Justiça goza de mais prestígio e é mais conhecido pelo público do que o ombudsman.

Em 1933, houve uma divisão de trabalho entre o ombudsman e o chanceler. Desde então, a importância entre os dois institutos tornou-se mais equilibrada e, com o passar do tempo, aos olhos do público, o prestígio do ombudsman aumentou.

O ombudsman funciona como um guardião da lei para o legislativo, e o Chanceler da Justiça, para o executivo. Na prática, os poderes que envolvem os dois guardiães da lei não causam nenhuma dificuldade. O direito, para o Chanceler, de transferir certos tipos de reclamações para o ombudsman, assim como os contatos informais entre os dois institutos, têm impedido a possibilidade de conflito de decisões entre o chanceler e o ombudsman.

Inicialmente, o ombudsman devia ser uma pessoa versada em conhecimentos da lei e seu mandato era de apenas um ano. Na lei de 10 de novembro de 1933, o seu mandato passou a ser de três anos, na época, correspondente ao mesmo mandato dos membros do Parlamento. Em 1950, o mandato parlamentar foi alterado para quatro anos e o mandato do ombudsman também se alterou para o mesmo prazo, conforme determinação da lei de 26 de abril de 1957.

O ombudsman finlandês é eleito pela maioria parlamentar e os seus serviços cessam por morte, demissão ou pela não reeleição ao final do mandato. O Parlamento não pode demiti-lo, sob circunstâncias normais. A única sanção que poderá exercer será não reelegê-lo. Na Suécia, o ombudsman pode ser destituído se houver quebra de confiança.

O ombudsman deve se reportar ao Parlamento e tem o direito de comunicar-se com os seus membros em sessão plenária. A imprensa tem acesso a seus arquivos. A iniciativa de investigar casos e inspecionar agências administrativas, especialmente instituições nas quais cidadãos indefesos estão encarcerados, tais como prisões, hospitais mentais e asilos, é muito empregada pelo ombudsman finlandês.

Uma Emenda Constitucional de 15 de janeiro de 1971 permitiu a nomeação de um ombudsman assistente para um mandato de quatro anos, com os mesmos poderes que o ombudsman, para atuar ao seu lado. Esta mudança veio a ser efetivada em primeiro de janeiro de 1972. Portanto, a Finlândia possui um só ombudsman para controlar as atividades administrativas nas esferas civil e militar.

Noruega

Na Noruega, há também o prazo de apresentação para queixa dos cidadãos, o que contribuiu para influenciar outros países que copiaram essa cláusula restritiva em seus modelos de ombudsman, afastando-se do puro modelo sueco. Ele não pode intervir até que uma ação administrativa se tenha completado, e o cidadão tenha percorrido os recursos normais administrativos. O ombudsman pode iniciar um caso, mas a causa principal deve estar ligada a uma queixa do cidadão prejudicado. A regra é que somente o cidadão lesado pode se dirigir ao ombudsman, a queixa deve ser assinada e não pode se passar, para ser apresentada, mais de um ano depois que se realizou ou cessou a ação contra a autoridade a quem ela se dirige.

O primeiro ombudsman da Noruega foi militar (*Ombudsman for Forsvaret – MO*). Introduzido em 21 de abril de 1952, sua função primordial é contribuir para salvaguardar os direitos civis dos militares. Na realidade, existe um Comitê do Ombudsman para assuntos de controle militar. Este comitê é composto por sete elementos eleitos pelo Parlamento (*Storting*) para um período de quatro anos. Exceto o presidente deste comitê, que é conhecido como o ombudsman militar, todos os outros são membros do Parlamento.

A lei de 22 de junho de 1962 e instruções regulatórias de 8 de novembro do mesmo ano estabelecem a criação e competências para o ombudsman civil (*Sivil Ombudsman for Forvaltningen – SO*). A eleição, pelo Parlamento (*Storting*), do ombudsman civil por um período de quatro anos, geralmente recai sobre um jurista de prestígio.

O ombudsman norueguês possui características próprias. Ele não se limita à atividade administrativa relativa aos particulares, mas se aplica também à administração interna do pessoal. Assim, o empregado público tem o direito de queixar-se ao ombudsman. Sua atividade fundamental é de crítica, de informação ao Parlamento, através de relatório anual que depois é publicado. Este relatório deve conter um resumo da defesa da dependência do funcionário envolvido.

O acesso às informações relevantes é essencial para o bom desempenho do ombudsman, mas é exigido dele segredo profissional durante o exercício de seu cargo e mesmo depois.

Um aspecto positivo é que o SO pode controlar os atos administrativos regulamentados, e mesmo os discricionários.

A remuneração é fixada pelo Parlamento, tanto para o ombudsman civil como para o militar.

Em 1973, o ombudsman do consumidor (*Torbrukerombudsman*) é instituído para zelar pela Lei de Mercado, de primeiro de janeiro de 1973.

Dinamarca

O ombudsman na Dinamarca foi criado depois da Segunda Guerra Mundial. Segundo Robles & Delgado (1977), Hurwitz (1961) dentre outros, a Constituição de 5 de junho de 1953, em seu artigo 55, já previa o instituto e defendia sua missão principal de vigiar a administração civil e militar. A Lei de 11 de junho de 1954 regulamentou este ofício. Posteriormente, foram introduzidas modificações pelas leis de 1956, 1959, 1961 e 1962 que substituiram as de 1954 e incorporaram todas as modificações feitas pelas leis anteriores.

As eleições do *Folketingets ombudsmand* (ombudsman do Parlamento), para um mandato de quatro anos, são coincidentes com o início das atividades parlamentares. A escolha deve recair sobre uma pessoa de reconhecida formação jurídica.

Uma Comissão especial para o ombudsman vigia e controla as atividades deste e de suas relações com o Parlamento. Em caso de falta grave ou de exceder em suas funções, a Comissão propõe ao Parlamento sua imediata destituição.

O ombudsman pode agir por iniciativa própria ou por provocação dos administrados. Estes possuem um acesso amplo e informal ao ombudsman. Ele não pode tomar conhecimento da queixa se ainda couber recurso à hierarquia administrativa, ou se a queixa estiver prescrita. A atuação da autoridade superior administrativa interrompe o prazo prescritivo, que é de um ano do ato lesivo. Cessam, ainda, todas as ações do ombudsman, quando o superior hierárquico proceder à investigação do funcionário. Neste caso, ele deve esperar até a obtenção de uma solução interna. Este fator limitante era desconhecido pelos seus antecessores.

A competência do único ombudsman dinamarquês é para toda atividade da administração nas áreas civil, militar e local. Além de seus informes anuais ao Parlamento, há também os especiais, para os casos de conhecimento de faltas ou negligências graves, ou para os casos em que observar importantes lacunas legislativas. Ele trabalha com uma equipe de colaboradores e sua posição é semelhante à de um magistrado do Supremo Tribunal.

Nova Zelândia

A Nova Zelândia foi o primeiro país do sistema *common law* a acolher o instituto do ombudsman, através do *Parliamentary Commissioner (Ombudsman) Act* de 1962, substituída pelo *Ombudsman Act*, votada pelo Parlamento em 26 de junho de 1975, e que entrou em vigor em primeiro de abril de 1976.

A lei de 7 setembro de 1962 estabelece que o ombudsman é nomeado pelo Governador Geral, sob prévia recomendação da Câmara de Representantes, no início de cada legislatura. Seu mandato é de três anos, coincidente com o período de cada legislatura.

A fim de garantir a neutralidade de atuação do ombudsman, durante o exercício de seu cargo ele não pode exercer outras atividades quer públicas quer privadas. Sua destituição se dá por petição da Câmara de Representantes e posterior anuência do Governador Geral, desde que os motivos sejam aqueles enumerados em lei: incapacidade, prevaricação ou má conduta.

O acesso ao ombudsman é direto, podendo agir de iniciativa própria ou por solicitação. A barreira da individualização dos direitos é quebrada neste modelo, uma vez que sociedades e associações públicas ou privadas também podem se dirigir ao ombudsman.

Inglaterra

A Lei *Parliamentary Comissioner Act* de 1967, instituiu o *Parliamentary Commissioner for Administration*, em âmbito nacional, a quem compete atender as queixas dos cidadãos que estão sendo injustiçados por atos ou omissões da administração pública.

Mais tarde, o instituto é estendido para mais três cargos a fim de se ouvir queixas relativas aos governos locais.

O *Local Government Act*, de 8 de fevereiro de 1974, designou Comissários locais para investigar queixas de má administração das autoridades locais da Grã-Bretanha e País de Gales. E em maio de 1975, se aprovou o *Local Government (Scotland) Act*, designando um Comissário local para a Escócia.

Na Inglaterra, o ombudsman é nomeado em caráter vitalício. Ao completar 65 anos de idade, como uma aposentadoria compulsória, ele cessa as suas atividades. O acesso ao Comissário é indireto, isto é, se dá somente através de um membro do Parlamento.

O ombudsman britânico tem atuação limitada, porque não pode atuar por iniciativa própria nem direta de seus cidadãos. Há a necessidade de um terceiro elemento: o deputado. Além disso, o ombudsman não pode realizar inspeções nos departamentos administrativos. Só pode agir se não houver possibilidade de interpor recursos à autoridade. Há, ainda, a observância do prazo prescricional da queixa. Mas, na norma britânica, a pessoa interessada em acionar o ombudsman é considerada tanto individual como coletivamente. O reclamante tem que ser de nacionalidade inglesa ou residente na Inglaterra.

Anualmente, o Comissário deve emitir um relatório completo de suas atividades e conclusões ao Parlamento, podendo emitir um especial, se julgar oportuno.

Na Irlanda do Norte, o surgimento do ombudsman regional está ligado aos movimentos de resistência política da minoria católica frente ao controle da administração pela maioria protestan-

Odila de Lara Pinto

39

te. Uma mesma pessoa desempenha dois tipos de ombudsman: o *Northern Ireland Parliamentary Commissioner for Administration* (junho de 1969) e o *Northern Ireland Commissioner for Complaints* (criado em dezembro de 1969).

O acesso ao ombudsman é indireto, através de um membro da Assembléia da Irlanda do Norte. Possui poder recomendatório e recebe queixas das pessoas vítimas de uma injustiça pela má administração de qualquer serviço do governo da Irlanda do Norte.

Alemanha

Em 26 de junho de 1957, a República Federal da Alemanha instituiu o Comissário Parlamentar para as Forças Armadas (*Wehrbeauftragte des Bundestages*).

Israel

Em Israel, ocorreu uma inovação. Já existia um "Controlador do Estado" para controle das atividades financeiras e econômicas de Israel. Com a Lei nº 5.718/58, denominada Lei do Controle do Estado, suas funções foram estendidas para o controle das atividades puramente administrativas dos organismos públicos administrativos.

Segundo Robles & Delgado (1977), Kerber (1975) e outros, em 31 de março de 1971, o Parlamento israelense (*Knesseth*) adota unanimemente uma lei, vigente em 22 de setembro de 1971, que aprimora a lei nº 5.718-1958. Ela instituiu uma nova função: a do "Comissário para Queixas Públicas." Este organismo é independente do poder executivo, com missão semelhante à do ombudsman dos países escandinavos, ou seja, a de examinar as reclamações do povo contra as autoridades administrativas. Na realidade, essa lei só vem homologar uma situação que já existia de fato. Tanto é assim, que ela não modificou as estruturas preexistentes. Em seu artigo 31, diz que o Comissário para Queixas Públicas e o Controlador do Estado são uma só e mesma pessoa.

O artigo 32 da mesma lei diz que o Comissário para Queixas Públicas é assistido no exercício de suas funções por uma divisão especial dos serviços do Controlador do Estado, denominado Comissariado para Queixas Públicas.

O Comissário para Queixas Públicas é nomeado pelo Presidente do Estado, com recomendação da Comissão permanente do Parlamento (Comissão do *Knesseth*), e não pode ser destituído de suas funções sem que a decisão parlamentar seja aprovada pela maioria de dois terços.

A vantagem que o legislador encontrou ao unir os institutos de Controlador do Estado e de Comissário para Queixas Públicas foi a de que ambos procedem de modo que a consulta recíproca conduza a um estudo aprofundado e garanta uma proximidade única dos problemas. Além disso, ao receber as queixas dos cidadãos, importantes subsídios são fornecidos para orientação da missão do controle. Ao lado das vantagens de ordem prática, existe a moral: os cidadãos sabem que a mesma pessoa que conduz o controle dos importantes aparelhamentos do Estado está também à disposição do simples cidadão.

O direito de apresentar uma queixa é aberta a todos, sem exceção: cidadãos, residentes, turistas, a todas as pessoas em Israel ou a estrangeiro, qualquer que seja sua nacionalidade (artigo 33 da lei sobre o Controle do Estado). Mas, para serem acatadas, as queixas devem ser de natureza particular e não estarem prescritas. O direito da vítima prescreve dentro de um ano a contar do ato lesivo.

O Comissário para Queixas Públicas tem um mandato de cinco anos (art 4 da lei), podendo ser reeleito. Anualmente ele apresenta relatório ao Parlamento das suas atividades (ou na primeira sessão parlamentar) que depois é publicado.

Em 24 de julho de 1972, foi estabelecido um "Comissário para Queixas dos Militares" para examinar as reclamações dos militares em serviço regular ou da reserva em serviço ativo, concernentes às questões do desenvolvimento e condições dos serviços ou à disciplina. Seus relatórios anuais são apresentados ao Ministro da Defesa e à Comissão dos Assuntos Estrangeiros.

A criação do Comissariado para Queixas Públicas não pôs fim à atividade de outras instituições que funcionam em Israel há longo tempo e que têm por objetivo e missão, responder às reclamações e petições dos cidadãos. Como exemplo, o "Escritório de Reclamações Públicas" dos serviços do Presidente do Estado, do "Escritório de Reclamações Públicas" dos serviços do Primeiro Ministro e da "Subcomissão das Reclamações Públicas" da "Comissão do Knesseth."

Todos esses organismos e outros serviços similares, como por exemplo aqueles que funcionam dentro das prefeituras ou nos estabelecimentos de ensino, reforçam o importante objetivo do Comissário para Queixas Públicas.

França

Em 1973, através da Lei n° 73-6, de 3 de janeiro, a figura do *Médiateur* foi instituída com caracteríticas peculiares. É nomeado pelo Conselho de Ministros para um período de seis anos, e não pode ser destituído até que finalize este prazo. Ele não pode ser reeleito.

Só têm acesso ao *Médiateur* as pessoas físicas individuais (artigo 6°), assim entendido todos os indivíduos, onde quer que seja o lugar de residência, *status* cívico ou nacionalidade. O acesso ao ombudsman é feito por um intermediário, isto é, por um deputado ou um senador. A queixa deverá ser apresentada por escrito e assinada pelo reclamante.

O poder do *Médiateur* é de crítica, aconselhamento, repreensão, disciplinar ou penal, e de publicidade. Não possui poder para iniciar uma ação nem tampouco pode prosseguir na investigação de modo próprio. Por exemplo, se a queixa for retirada durante a investigação pelo reclamante, ele não pode continuar a agir.

O *Médiateur* trabalha em mútua colaboração com os Comitês de usuários (*Comités d'usagers*), que têm como função tratar das relações Administração-administrado, do ponto de vista geral e indeterminado, e propor fórmulas que permitam humanizar as relações entre cidadãos e a Administração.

Ao Mediador (*Médiateur*) cabe a possibilidade de publicar e entregar um relatório especial ou incluir o fato no anual, que fará chegar ao Presidente da República, ao Parlamento e à opinião pública. No relatório constarão descrições detalhadas da investigação dos fatos e os nomes dos envolvidos.

O campo de atuação do Mediador, que teoricamente deveria ser amplo, voltado para proteção dos administrados, fiscalizador das ações administrativas e colaborador com o Parlamento e Governo na melhoria das normas, foi, na realidade, restringido pelo fato de sua nomeação ser feita pelo Governo, pela sua falta de poder de inicitativa e por seu acesso dar-se de modo indireto e formal.

Portugal

O Decreto-Lei n° 212/1975, de 21 de abril, criou o instituto do Provedor de Justiça, consagrado na Constituição Portuguesa de 1976.

Inspirando-se no ombudsman, a Constituição portuguesa de 1976, em seu artigo 24, estatui: "Os cidadãos podem apresentar queixas por ações ou omissões dos poderes públicos ao Provedor da Justiça, que as apreciará sem poder decisório, dirigindo aos órgãos competentes as recomendações necessárias para prevenir e reprimir injustiças."

No segundo parágrafo do artigo 24: "A atividade do Provedor da Justiça é independente dos meios graciosos e contenciosos previstos nas Leis."

O Provedor da Justiça é nomeado pelo Presidente da República, que escolhe dentre três nomes indicados pelo Primeiro Ministro e pelo Ministro da Justiça.

O Campo de ação do Provedor é extenso, cobrindo todos os setores da atividade administrativa, todos os funcionários civis do

Estado, serviços e empresas públicas, entidades locais e demais pessoas de direito público. Seu acesso é direto. Possui poderes de questionar os funcionários, de conhecimento dos expedientes, de proposta indireta de sanções e de possível publicidade de seus relatórios.

As reclamações podem ser apresentadas diretamente ao Provedor, por escrito ou verbalmente. Não há prazo de carência das queixas e o Provedor pode atuar por iniciativa própria.

Seu poder é somente de recomendação, para modificação ou anulação das decisões das autoridades administrativas competentes. Não pode modificar ou anular atos administrativos. Quando a administração não adotar suas recomendações, o Provedor de Justiça deverá expor o assunto ao Primeiro Ministro, enviando cópia do ocorrido ao Ministro da Justiça.

As entidades públicas devem prestar ao Provedor de Justiça toda colaboração que seja solicitada.

O artigo 18, da lei 212/1975, diz que o Provedor de Justiça e seu adjunto se manterão no exercício de suas funções até que a futura Assembléia Legislativa não determine o contrário, mas que o Presidente da República pode fazer cessar essas funções do Provedor a qualquer momento.

Espanha

De acordo com Rotolo (1984), na Espanha, a figura do ombudsman, chamado de *Defensor del Pueblo,* foi introduzida na Constituição de 1978, em seu artigo 54, e regulamentada pela Lei Orgânica n° 3/1981, de 6 de abril. Há ainda os Defensores do Povo regionais (artigo 35 do Estatuto da Catalunha, o artigo 15 do Estatuto Basco, o artigo 15 do Estatuto da Galícia e o artigo 46 de Andalúcia). O Defensor do Povo está previsto ainda nos Projetos de Valência (artigo 20) e de Aragão (artigo 31).

A Lei Orgânica n° 3/1981, de 6 de abril, dispõe em seu artigo 1°: "El Defensor del Pueblo es el alto comissionado de las Cortes

Generales designado por estas para la defensa de los derechos compendidos em el título I de la Constitución, a cuyo efecto podrá supervisar la actividad de la Administración, dando cuenta a las Cortes Generales."

O Defensor do Povo é um alto comissário da Corte e deve prestar contas às Cortes gerais.

Há duas finalidades institucionais do Defensor do Povo: a primeira refere-se à tutela dos direitos fundamentais do cidadão, isoladamente; a segunda colabora com o Parlamento, informando-o de suas deficiências, carências, inadimplências. Fornece ao Parlamento instrumentos idôneos para controlar os limites dos poderes do executivo que não estão sob responsabilidade ministerial.

O Defensor do Povo é eleito por um período de 5 anos pela maioria parlamentar, que lhe garante independência de seus órgãos e lhe proporciona uma melhor tutela dos direitos dos cidadãos. Ele não tem poder coercitivo, apenas recorre ao superior hierárquico para promover ação disciplinar ou ao Ministério Público, ou ainda, para casos mais graves, ao Procurador Geral do Estado.

O exercício das funções do Provedor de Justiça cessa com a sua renúncia, morte ou com o cumprimento do prazo. É auxiliado por dois adjuntos.

Canadá

O ombudsman foi criado em diversas províncias do Canadá: Alberta (*The Ombudsman Act*, 1967); New Brunswich (*Ombudsman Act*, 1967); Quebec (*Public Protector Act*, 1968; Manitoba (*The Ombudsman Act*, 1969); Nova Escócia (*The Ombudsman Act*, 1970); Ontário (1975) e Terra Nova (*Parliamentary Commissioner Act*, 1975).

Em todas essas províncias onde o ombudsman foi introduzido, seguiu-se o modelo neozelandês. Suas características são semelhantes: os mandatos variam de 5 a 6 anos; o acesso ao ombudsman é direto e permitido tanto para pessoas individuais como coletivamente; ausência de formalismo para recebimento das queixas e relatórios anuais são apresentados à Assembléia Legislativa.

Estados Unidos

Nos Estados Unidos o ombudsman foi adaptado às características legislativas e judiciais peculiares a cada Estado. Nos estados do Havaí (1967), Nebrasca (1969), Iowa (1972), Nova Jersei (1974) e Alasca (1975), os ombudsman são indicados pelo Legislativo e não diferem do modelo clássico sueco. São designados por um período de 4 a 6 anos, com poderes de denúncia, de conduzir investigações e de manifestar-se a respeito de autoridades administrativas estaduais e locais. O acesso ao ombudsman é direto por todo cidadão que se sinta lesado. Há ausência de formalismo para o acolhimento das queixas e de prazo de carência. Relatórios anuais ou especiais são devidos como em outros países.

Em outros estados em que o ombudsman é nomeado pelo Governador do Estado, seus poderes investigatórios estão comprometidos, bem como a sua imparcialidade e independência. São os pseudo-ombudsman que mais se assemelham a agentes negociadores em seu papel de relações públicas do governo.

Itália

A Itália possui ombudsman regionais, na região de Toscana (Lei de 21 de janeiro de 1974) e outro para a da Ligúria.

Austrália

Os ombudsman nas regiões da Austrália – Ocidental (1971), Meridional (1972) e Nova Gales do Sul (1974) – no Estado de Queensland (1974) e na cidade de Victoria (1973) tiveram influência neozelandesa.

Paquistão

Ao lado de outras medidas para redução da burocracia, o Paquistão criou o ofício do ombudsman, em agosto de 1983. Segundo Khan (1989), o mecanismo ainda precisa de aperfeiçoamentos, uma vez que há ainda muitas áreas da administração não alcançadas por sua jurisdição. Além disso, a própria instituição do ombudsman precisa de maior descentralização porque o próprio ombudsman tem acompanhado os casos submetidos a ele do começo ao fim de seu trâmite, sobrecarregando seu trabalho. Mas apesar de suas limitações, o ombudsman, conhecido regionalmente como *Wafaqi Mohtasib*, desde sua criação, tem contribuído para prover um procedimento rápido, barato e informal na busca de soluções das reclamações populares contra os atos lesivos da má administração. A demora e negligência constituem as reclamações mais freqüentes recebidas pelo ombudsman, ao lado de outras, como ineficiência, discriminação, favoritismo, corrupção, excessos administrativos, decisões injustas e preconceituosas. Além de solucionar casos individuais, o ombudsman tem apresentado um amplo número de recomendações para o aperfeiçoamento da máquina administrativa. Trata-se, efetivamente, de um mecanismo informal instituído para proporcionar e difundir um sentimento de confiança e segurança entre o povo paquistanês.

Muitos outros países como Áustria, Chipre, Gana (1972), Grécia, Guiana (1966), Holanda, Ilha de Maurício (1965), Ilhas Fiji (1972), Ilhas Salomão, Ilhas Virgens, Índia (1971), Jamaica, Japão, Papua/Nova Guiné, Peru (1979), Suíça, Tanzânia (1966), Trinidad/Tobago, Venezuela (1969), Zâmbia (1973) possuem a figura do ombudsman ou instituições comparáveis a ela como por exemplo, a Prokuratura, na Rússia.

Rússia

De acordo com Gualazzi (1986), em 1722, o czar Pedro, o Grande, já havia criado "os olhos do monarca" para fiscalização dos atos das autoridades administrativas, antecedente histórico que certamente inspirou a criação da Prokuratura.

Os princípios do instituto da *Prokuratura*, confirmados na Constituição Russa de 1936, lembra o ombudsman.

A Prokuratura é um órgão administrativo chefiado pelo Procurador-Geral da Rússia, eleito pelo Soviete Supremo para um mandato de sete anos. Ela não está vinculada ao Ministério da Justiça, mas atua semelhante ao Ministério Público ocidental na fiscalização judiciária, podendo iniciar ações civis, fiscalizando prisões e realizando investigações em matéria civil. Já na fiscalização administrativa, pode apenas apontar as irregularidades e ilegalidades para que sejam tomadas providências cabíveis. Possui amplo poder fiscalizatório, podendo participar de deliberações da Administração, dos Sovietes e dos Comitês Executivos.

À Prokuratura cabe zelar pelo respeito à "legalidade socialista."

A Polônia, a Hungria, a ex-Iugoslávia e outros países de influência socialista possuíam modelos semelhantes ao da Prokuratura soviética, mas se caracterizavam mais como um Ministério Público do modelo ocidental.

4. O ombudsman no Brasil

Apesar de sucessivos estudos para implantação do instituto sueco no Brasil e de estar previsto em seu projeto original um "Defensor do Povo" como informa Asper y Valdés (1990 p. 151), a Constituição da República Federativa de 1988 não instituiu um ombudsman para controle da administração federal. Estas funções ficaram divididas entre o Tribunal de Contas da União (TCU), o Ministério Público e o Congresso Nacional.

Ao TCU coube a função de investigar denúncias de qualquer cidadão.

O Ministério Público teve suas prerrogativas de fiscalizador de leis ampliadas, assegurando-lhe autonomia funcional e adminis-

48 Ombudsman nos Bancos ~ Agente de mudanças

trativa. O artigo 127 da Constituição Federal incumbe o Ministério Público de defender a ordem jurídica, advogar os interesses sociais e proteger os direitos humanos.

E a ação do Congresso se dá através de Comissões Parlamentares de Inquérito – CPI, convocação de ministros e funcionários do Executivo.

No âmbito estadual, semelhante à Constituição Federal, as constituintes estaduais previram os Tribunais de Contas, Ministérios Públicos Estaduais e as Assembléias Legislativas. Mas já existem indícios de futura adoção do ombudsman em nosso País. Por exemplo, a Lei nº 8.490, de 19 de novembro de 1992, no artigo 19, parágrafo segundo, prevê uma Ouvidoria Geral da República no Ministério da Justiça. Foi criada uma Comissão, destinada a receber denúncias e reclamações relativas a irregularidades de atos da Administração Pública Federal direta, indireta e fundacional, integrada pelo Ministro da Justiça que a preside, pelo Secretário Executivo, Consultor Jurídico e o Secretário de Estudos Legislativos daquele Ministério (Decreto de 04.01.93). As denúncias e reclamações encaminhadas à Comissão são objeto de exame prévio do Chefe de Gabinete do Ministro da Justiça, o qual, se lhe parecerem cabíveis, retransmite-as aos órgãos a elas relacionados, para efetivação das providências que se fizerem necessárias. Em setembro de 1997, faz parte dessa Comissão apenas a Dra. Renata Varella Dutra, já tendo participado anteriormente a Dra. Daisy Oliveira Portes, como assistente do Ministério da Justiça na Ouvidoria que examina os processos, os quais são assinados pelo Dr. José Gregori, Secretário Nacional dos Direitos Humanos e Ouvidor Geral.

Algumas experiências de ombudsman no âmbito municipal e estadual devem ser ressaltadas, embora vinculadas ao executivo:

O Decreto nº 215/86-PMC, de 21 de março de 1986, assinado pelo Prefeito Municipal de Curitiba (PR), Roberto Requião de

Mello e Silva, foi uma delas, instituindo a Ouvidoria Municipal. Infelizmente, esta Ouvidoria foi extinta em 1989.

No Estado do Paraná, o Decreto nº 22, de 15 de março de 1991, cria a função de Ouvidor Geral para atuar "na defesa dos direitos e interesses individuais ou coletivos, contra atos e omissões cometidos pela Administração Pública Estadual, no âmbito do Poder Executivo."

João Olivir Gabardo, advogado, foi nomeado, dentre os Secretários Especiais, para o cargo. Gozando de certa posição autônoma, possui competência para:

"I – fiscalizar os atos de natureza contábil, financeira, orçamentária, operacional e patrimonial, em todas as suas fases;

II – planejar, organizar, orientar e executar auditorias e análises de custos nos respectivos órgãos;

III – receber e apurar a procedência das reclamações ou denúncias que lhe forem dirigidas e determinar, quando cabível, a instauração de sindicâncias e inquéritos administrativos aos órgãos competentes."

A Ouvidoria está organizada em três divisões, para melhor organização dos serviços: ouvidoria, auditoria e licitação. O Ouvidor Geral tem acesso a quaisquer repartições e documentos existentes na Administração Púbica Estadual, no âmbito do Poder Executivo, podendo requisitá-los para exame. Os servidores do Poder Executivo devem prestar apoio e informação ao Ouvidor e a negativa pode determinar uma representação aos órgãos superiores competentes e ao Ministério Público, para efeitos penais cabíveis.

O Ouvidor pode, ainda, atuar de ofício ou por provocação através de denúncia apresentada por pessoa que se julgue lesada em seus direitos, decorrentes de ações ou omissões praticadas pela Administração Pública Estadual.

A reclamação ou denúncia pode ser feita por pessoas físicas, jurídicas ou por funcionários estaduais por escrito, oralmente ou pessoalmente. O serviço da Ouvidoria é gratuito e sua ação baseia-se na simplificação e desburocratização dos trâmites normais administrativos. É um esforço do governo do Estado do Paraná para assegurar o efetivo exercício de cidadania e humanização da administração pública.

A iniciativa da Ouvidoria do Governo do Estado do Paraná, que vigorou até 31 de dezembro de 1994, foi recriada pelo Governador Jaime Lerner em primeiro de março de 1995, dando amplas condições para que a Ouvidoria Geral se tornasse um instrumento de profundo respeito por todos os cidadãos paranaenses.

No primeiro semestre de 95, o programa "Convênios da Cidadania" estendeu os serviços da Ouvidoria Geral às várias prefeituras municipais, além de diversas instituições estaduais nas áreas de educação, transporte, administrativas e muitas outras já possuírem o seu próprio ouvidor.

Apresenta-se, a seguir, o quadro demonstrativo da universalização do ombudsman e principais características do instituto, como denominação e âmbito de competência.

Odila de Lara Pinto 51

Tabela 1
QUADRO SINÓPTICO DA UNIVERSALIZAÇÃO E CARACTERÍSTICAS DO OMBUDSMAN

PAÍS/DENOMINAÇÃO/ANO/ NOMEAÇÃO	MANDATO/ACESSO/ ÁREA DE ATUAÇÃO	OBSERVAÇÃO
SUÉCIA Ombudsman (JO) – 1809 Nomeado pelo Parlamento	Mandato de 4 anos, podendo ser reeleito Acesso direto pelo cidadão Área civil	militar (1915) Outros: Concorrência (1954) Consumidor (1971) Imprensa (1969) Igualdade de Oportunidades (1980)
FINLÂNDIA Oikeusasiamies – 1919 Parlamento	4 anos coincidentes com o mandato parlamentar Acesso direto civil e militar	
NORUEGA Ombudsman (MO) – 1952 Parlamento	4 anos Acesso direto Área militar	Prazo de apresentação da queixa de 1 ano Civil – SO (1962) p/ adm. interna e externa
DINAMARCA Ombudsmand – 1953 Parlamento	4 anos Acesso direto Civil e Militar	Prazo de carência de 1 ano

Continua

Tabela 1

QUADRO SINÓPTICO DA UNIVERSALIZAÇÃO E CARACTERÍSTICAS DO OMBUDSMAN

PAÍS/DENOMINAÇÃO/ANO/ NOMEAÇÃO	MANDATO/ACESSO/ ÁREA DE ATUAÇÃO	OBSERVAÇÃO
NOVA ZELÂNDIA Parliamentary Comissioner – 1962 Nomeado pelo Governador Geral sob recomendação da Câmara dos Representantes	3 anos Acesso direto Área civil	Aceita reclamações de sociedades, associações públicas ou privadas
INGLATERRA Parliamentary Comissioner – 1967 Parlamento	Vitalício Acesso indireto (através de um parlamentar) Área civil	Cidadão individual ou coletivamente considerado Possui prazo prescritivo
ISRAEL Comissário para queixas públicas (trad.) – 1971 Nomeado pelo Presidente do Estado c/ recomendação da Comissão do Parlamento	5 anos, podendo ser reeleito Acesso direto Área civil	Cidadão individual de qualquer nacionalidade
FRANÇA Médiateur – 1973 Conselho dos Ministros	6 anos, não pode ser reeleito Acesso indireto e formal Área civil	Cidadão individual de qualquer nacionalidade
PORTUGAL Provedor de Justiça – 1975 Presidente da República escolhe em lista tríplice	Indeterminado Acesso direto Área civil	Não há prazo de carência

Continua

Tabela 1

QUADRO SINÓPTICO DA UNIVERSALIZAÇÃO E CARACTERÍSTICAS DO OMBUDSMAN

PAÍS/DENOMINAÇÃO/ANO/ NOMEAÇÃO	MANDATO/ACESSO/ ÁREA DE ATUAÇÃO	OBSERVAÇÃO
ESPANHA Defensor del Pueblo – 1978 Parlamento	5 anos Acesso direto Área civil	Cidadão individual

Capítulo II

O papel do ombudsman

De um modo geral, o papel do ombudsman na administração pública é de humanizar as soluções burocráticas que não levem em consideração razões individuais das pessoas atingidas pelo ato administrativo, corrigindo inclusive estes atos. Caracteriza-se pelo informalismo na investigação e flexibilidade na atuação.

Ao longo de seu exercício, o ombudsman tem conseguido controlar e humanizar a administração, mediante a rapidez no reparo de injustiças individuais, prestação de informações sobre as atitudes da administração e suas próprias, principalmente nos casos em que a decisão é contrária à reivindicação do cidadão. Tem contribuído para o sentimento de segurança do povo, por saber existir um instituto criado especialmente para a defesa de seus direitos.

A qualidade dos serviços prestados pela administração se aperfeiçoa com a atuação do ombudsman, uma vez que ele auxilia a identificar os pontos problemáticos, os servidores mal-educados e rudes. Contribui para a melhoria dos processos e procedimentos administrativos, pois, mediante seus relatórios especiais e anuais, presta assistência ao legislador na diminuição da burocracia e redução de leis opressivas ou que conduzam a resultados impropriamente discriminatórios.

Para alcançar tantos resultados o ombudsman não precisa, porém, de uma equipe grande. Ele trabalha com estreita cooperação da administração nas fases de investigação. Além disso, não substitui um eficiente sistema administrativo, pois com suas recomendações ou declarações pode apenas remediar os efeitos marginais.

O ombudsman tem proliferado em diversas organizações, públicas ou privadas, atuando na melhoria do clima interno da organização, na humanização do relacionamento entre a organização e seus clientes e como crítico da empresa, sob o ponto de vista do cliente. Em todas as áreas de atuação (interna ou externa à organização), o ombudsman mantém algumas características fundamentais, originadas do modelo sueco, sem as quais fica comprometida a autonomia; outras são adaptadas aos tipos e objetivos organizacionais em que atua e concorre concretamente para alcançar, representando uma pessoa ou advogando em defesa de um direito individual.

Ao exercer o seu papel de defensor do cliente na organização, o ombudsman tem-se revelado importante instrumento de interação entre empresa e ambiente, aliado na defesa dos direitos do consumidor, na busca de soluções de conflitos extrajudicialmente e colaborador eficaz com os programas de qualidade implantados nas organizações.

Por todas essas contribuições, o papel do ombudsman tem-se ampliado e o instituto se revela grande potencial a ser explorado em diversos campos de atividade.

Odila de Lara Pinto

1. Interface da empresa com o ambiente

Com Bertalanffy, as organizações passaram a ser vistas como um sistema aberto, definidas por suas entradas (input), saídas (output), processamento e, principalmente, pelas suas relações com o ambiente. A atualidade desta teoria fica evidenciada quando se observa que a sobrevivência das empresas está intimamente relacionada com sua capacidade de adaptação e flexibilidade às contingências do ambiente econômico, social, cultural, ecológico e tecnológico.

Organizações estão instituindo o ombudsman não tanto pela exigência concorrencial do mercado, mas para a realização dessa interação entre empresa e ambiente. Como é o exemplo da Companhia Energética de São Paulo (Cesp), empresa do setor público, que após propostas efetuadas em 1990 e, posteriormente, realizados vários estudos e experiências para a adoção do ombudsman na empresa, em 5 de outubro de 1992, teve o instituto estruturado e regulamentado. Antônio Carlos Boa Nova esteve exercendo as funções de ombudsman da Cesp, por um mandato de um ano, renovável por igual período, não podendo ser destituído nem demitido após deixar o cargo. Segundo ele, o ombudsman vem a ser um importante "termômetro" para a empresa. Evitando-se a acomodação e deteriorização dos serviços de tal maneira que se tornem ingerenciáveis. Na época, a Cesp possuía um milhão e duzentos mil consumidores e distribuía energia para 225 municípios, sendo cinco deles no Estado do Mato Grosso do Sul.

Na sociedade

Devido à comprovada eficácia do instituto do ombudsman, cada vez mais tem sido aplicado para atender proporcionalmente à crescente complexidade das necessidades da sociedade.

Na sociedade sueca, por exemplo, no dia 1º de julho de 1980, entrou em vigor a Lei da Igualdade entre Mulheres e Homens no

Trabalho, que proíbe a discriminação de sexo e visa promover a igualdade dos direitos dos homens e das mulheres, de condições de trabalho e desenvolvimento no emprego. E, para garantir a observância dessa lei, simultaneamente, surge o Ombudsman da Igualdade de Oportunidades (*JämO*) e a Comissão de Igualdade de Oportunidade.

Na economia

Na área econômica, a Suécia possui o Ombudsman da Concorrência ou da Liberdade Econômica (*Naringsfrihet Ombudsman – NO*), criado em 1954. É nomeado pelo Governo para fiscalizar a economia e seu mercado; cuida do antitruste e funciona com estreita ligação com o Tribunal de Mercado.

Na educação

No campo educacional, o ombudsman auxilia na interação da comunidade universitária com a sociedade. A qualidade do ombudsman universitário repousa mais em sua conduta moral e poder de persuasão.

De modo geral, o ombudsman universitário investiga, por solicitação do aluno, fatos de abuso do poder, castigo excessivo ou discriminação. Recomenda alterações de critérios e rotinas que possam dar causa às reclamações. Serve como fonte de informações gerais para a comunidade universitária e sua presença estimula a conscientização dos problemas e melhoria dos serviços prestados. Sua ação é ainda preventiva, uma vez que soluciona problemas que poderiam tomar proporções coletivas que exigiriam medidas mais extremadas.

No Centro Acadêmico da FGV (Fundação Getúlio Vargas) de São Paulo, um jovem ombudsman, Mishima Honório, de 21 anos, foi eleito em março de 1991 para receber críticas dos alunos e torná-las públicas.

O cargo de ombudsman na Universidade de Barcelona foi aprovado em 1985 e iniciou suas atividades em 1988. Nela, o ombudsman leva ao Conselho Social todas as queixas, solucionadas ou não, e os detalhes sobre o funcionamento da Universidade. Este Conselho Social, composto por 30 pessoas, escolhidas pela instituição de ensino, pelo governo, parlamento, instituições profissionais, econômicas, culturais, sindicatos e outras, constitui-se em elo de ligação com a sociedade. Este elo é necessário para que a sociedade seja informada dos destinos dos recursos da universidade, principalmente por tratar-se de entidade pública. O ombudsman da Universidade de Barcelona, Artur Juncosa, diz que o "ombudsman deve defender os direitos e liberdades de qualquer integrante da comunidade universitária, desde o reitor até o cargo mais modesto."

Mais recentemente, outras universidades e faculdades constituíram o Ombudsman (ou Ouvidor), tais como a Universidade de Brasília – UnB , Universidade Federal do Espírito Santo – UFES, Universidade Estadual de Londrina, e faculdades no Estado do Paraná, como exemplo, a Faculdade Estadual de Filosofia, Ciência e Letras Cornélio Procópio, Faculdade Estadual de Ciências e Letras Campo Mourão, Faculdade Estadual de Direito Norte Pionieiro Jacarezinho e Faculdade Estadual de Educação Física Jacarezinho.

Na ecologia

No campo ecológico, São Paulo é o primeiro Estado brasileiro a ter um "ombudsman verde." Ele orienta as pessoas que tiverem queixas ou denúncias de agressões ao meio ambiente e as encaminha para os órgãos competentes. Outras vezes pede providências e dá o retorno do que foi feito com o pedido ou queixa. Ele foi criado com o objetivo de estabelecer um canal de comunicação entre a população e o poder executivo, em 4 de junho de 1993, pelo governador Luiz Antonio Fleury, no âmbito da Secretaria do

Meio Ambiente. Em 8 de junho de 1993, o Promotor de Justiça aposentado, Olívio Juliano, iniciou suas atividades de ombudsman verde, cujo nome oficial é "Ouvidor Ambiental."

Propostas de ombudsman

Em outros campos de atividade, inúmeras aplicações para o ombudsman foram apontadas por autores e sugeridas por diversas pessoas e em vários países, revelando o potencial dessa instituição:

Nos Estados Unidos, foi aventada a hipótese de um ombudsman para as questões ligadas ao turismo.

Na Inglaterra, recomenda-se um ombudsman para investigar queixas contra os magistrados e até os membros do Supremo Tribunal, elevando os padrões dos tribunais britânicos.

Na França e no Brasil, a Previdência Social é um dos fatores que mais atormentam a população. Segundo Leite (1975), já houve propostas de um ombudsman para esta área nesses países. Na Suécia, um dos três ombudsman já cuida de assuntos pertinentes à área da Previdência Social.

Um ombudsman supranacional foi cogitado como um dos resultados dos trabalhos da reunião do Conselho da Europa, em Paris, de 18 a 24 de abril de 1974. Este ombudsman europeu prestaria assistência ao cidadão de qualquer um dos Estados membros do Conselho, na apresentação de sua demanda ante a Comissão Européia dos Direitos Humanos.

Na tecnologia e automação bancária

Para vigiar a aplicação irresponsável de tecnologia, Toffler (1980) sugere a criação de um ombudsman tecnológico. Ele chamaria a atenção da imprensa para a empresa ou órgão público que tenha aplicado, sem suficientes precauções, a nova tecnologia.

Ainda no campo da tecnologia e mais especificamente na automação bancária, o ombudsman proporcionaria maior proteção aos usuários do ATM (*Teller Automatic Machine*).

Empresas já vêm utilizando pacotes eletrônicos para sistematizar as reclamações e as opiniões dos clientes (como, por exemplo, os já existentes Ombudsware e SAC – Serviço de atendimento ao Consumidor). Outras empresas, ao centralizarem todo o atendimento ao cliente, geram um cadastro de informações que chega até o conhecimento de sua vida particular em detalhes, das preferências pessoais à personalidade. Um ombudsman eletrônico seria muito útil em policiar a ética na utilização das informações pessoais contidas nos computadores.

O ombudsman proporcionaria, assim, maior segurança para os usuários dos equipamentos eletrônicos, pois recomendaria alterações no planejamento dos mesmos, nos pontos em que o usuário se sentisse ameaçado em seus direitos; proporcionaria um canal à sociedade para manifestar suas preocupações com a introdução de novas tecnologias e, sem dúvida, contribuiria para o aperfeiçoamento das instituições.

2. Defensor do cliente e do consumidor

Empresas e entidades vêm adotando os ombudsman que, possuidores de muita sensibilidade para captação dos problemas, encaminhamento de sugestões e livre trânsito entre os diversos departamentos da empresa na busca de soluções, têm contribuído para o aperfeiçoamento do atendimento e valorização dos clientes.

Entidades como o CNPq (Conselho Nacional de Desenvolvimento Científico e Tecnológico), Abinee (Associação Brasileira das Indústrias Elétricas e Eletrônicas) e a Fenabrave (Federação Nacional das Indústrias de Veículos Automotores) possuem, cada uma, um ombudsman para melhorar o atendimento das empresas, trabalhando conjuntamente com as entidades de defesa do consumidor. A Abraciva (Associação Brasileira dos Importadores Independentes) nomeou um ombudsman para receber e encaminhar queixas dos clientes das lojas de seus filiados, proporcionando maior segurança para eles ao adquirirem um carro importado.

A Dynacom, empresa de equipamentos eletrônicos também constituiu seu ombudsman. E, em 15 de dezembro de 1992, no grupo Garavelo, Elisabeth Loosli Silveira iniciou suas funções de ombudsman da divisão de empreendimentos imobiliários.

Ao mesmo tempo que o ombudsman corrige falhas de atendimento das necessidades individuais dos clientes, ele soluciona problemas extrajudicialmente, reforçando os direitos do consumidor.

Na Suécia, o ombudsman do Consumidor (*Konsummentombudsman – KO*), nomeado pelo Governo, foi criado em 1971, visando à Proteção do Consumidor.

Melhorias nos contratos de consumo são alcançadas através do trabalho do Ombudsman do Consumidor, auxiliado pelo Conselho Nacional de Política do Consumo, cujo Diretor Geral é, ao mesmo tempo, o Ombudsman.

O Ombudsman do Consumidor é um órgão público de fiscalização das violações das leis de consumo. Ele atua como promotor de justiça perante o Tribunal de Mercado, nos casos em que soluções voluntárias não são alcançadas, fiscal do mercado de consumo e mediador em todas as áreas de consumo onde o consumidor está envolvido. É o Ombudsman do Consumidor que tem legitimidade para provocar o Tribunal de Mercado, mas caso ele decida não buscar a prestação jurisdicional, então entidades privadas de consumidores podem fazê-lo.

No Brasil, embora não exista um ombudsman voltado exclusivamente para o consumidor, preocupa-se, pelo menos, com o aperfeiçoamento dos serviços já existentes. A Lei nº 8.078, de 11 de setembro de 1990 (Código de Defesa do Consumidor), surgiu como exigência da Constituição de 1988, para a proteção do consumidor, com 119 artigos regulamentando as relações de consumo.

Anteriormente a essa lei, alguns órgãos já vinham atuando na defesa do consumidor, como o Procon que iniciou suas atividades em 1976. Para reforçar a seriedade com que é tratada por este órgão as questões do consumidor, a diretoria administrativa do governo do Estado de São Paulo nomeou a ombudsman Rosali Conde que, em janeiro de 1992, atendia os usuários do Procon de São Paulo.

Criada pela resolução n°4/92, da Secretaria da Justiça e da Defesa da Cidadania do Estado de São Paulo, a função ombudsman visa aprimorar o atendimento aos consumidores que procuram os serviços do Procon, oferecendo-lhes oportunidade para críticas ou sugestões de Ombudsman dos usuários do Procon de São Paulo. Vera Ramos vinha exercendo a função de ombundsman dos usuários quando, em junho de 1995, foi instituído um ombudsman interno para atendimento dos funcionários daquele Órgão, cuja função é exercida por Maria Regina Vais de Almeida. Segundo Vera, "o ombudsman interno surgiu em decorrência das reclamações de usuários sobre condutas de funcionários. Estes precisavam ser ouvidos diante das alegações que lhes eram apresentadas". Os dois ombudsman vêm atuando em perfeito equilíbrio.

O Procon se fortaleceu com a aprovação pela Assembléia Legislativa, em outubro de 1995, da Fundação Procon-SP, vinculada à Secretaria da Justiça e da Defesa da Cidadania. Atualmente, a Fundação encontra-se em reestruturação para atuar mais intensamente em defesa e proteção da população consumidora. Enquanto isso, o termo Ombudsman foi substituído por Ouvidoria, seguindo uma tendência dos órgãos públicos em geral.

Atualmente, Vera Ramos exerce as funções de ombudsman do Procon de São Paulo.

3. Defensor do funcionário

O ombudsman também pode atuar na defesa do cliente interno da organização, procurando encaminhar e solucionar as reivindicações dos funcionários.

Segundo Beigbeder (1984), a presença do ombudsman desde 1973 nas instituições internacionais OMS (Organização Mundial da Saúde), PNUD (Programa das Nações Unidas para o Desenvolvimento) e Unesco (Organização das Nações Unidas para Assuntos de Educação, Ciência e Cultura), resulta de uma influência concreta dos modelos de ombudsman nacionais. Dentro dessas organizações internacionais, os ombudsman têm a finalidade de melhorar as comunicações e relações humanas entre seus funcionários. Eles devem ser pessoas sensíveis e aptas a compreender as susceptibilidades de cada nacionalidade e cultura dos funcionários que, além de conflitos inerentes à burocracia, adicionam-se possibilidades de mal entendidos ou de conflitos em razão das diferenças culturais e problemas lingüísticos.

Os ombudsman exercem um controle preventivo e corretivo da arbitrariedade ou de negligências cometidas pela administração, de problemas interpessoais ou, ainda, de abuso de poder dos chefes. Possuem um amplo poder de investigação, podendo agir em todos os níveis hierárquicos até o Chefe de Secretariado. Os ombudsman só não possuem poder de decisão, mas a possibilidade de agir até o mais alto nível hierárquico proporciona liberdade de ação e pressão suficientes. Esses organismos internacionais que adotaram o ombudsman estão sendo beneficiados com seus serviços e obtiveram uma melhoria do clima interno da organização.

4. Crítico da empresa

Ao mesmo tempo que capta os anseios dos clientes (internos ou externos) da organização, o ombudsman identifica lacunas da empresa. Como crítico da empresa, citam-se os ombudsman da área jornalística:

O primeiro jornal da América Latina a implantar o ombudsman foi a *Folha de S. Paulo*, com Caio Túlio Costa iniciando suas atividades no dia 20 de setembro de 1989. O contrato de trabalho normalmente prevê um mandato e os deveres do ombudsman. O mandato de Túlio Costa era de um ano, renovável por igual período, não podendo ser demitido durante o exercício do cargo e com estabilidade de um ano após o exercício da função. Ele foi substituido por Mário Vitor Santos, e Renata Lo Prete é hoje o ombudsman da Folha.

Para Caio T. Costa (1991), o ombudsman, como representante do leitor, ajuda na melhoria da qualidade do jornal, produz crítica interna e da mídia. Para ele, os objetivos do ombudsman na área jornalística devem ser de aperfeiçoar a exatidão e responsabilidade do jornal, aumentando a credibilidade. Deve investigar as reclamações recebidas e, desde que coerentes, encaminhá-las ao diretor do jornal, acompanhadas de sugestões de solução.

Ao ombudsman cabe, ainda, ser uma espécie de relações públicas do jornal, escrevendo ou fazendo conferências ao público sobre as posições e as atividades do jornal.

Túlio Costa comenta que as funções do ombudsman diferem do mero encaminhamento das reclamações. Da mesma forma pensa Philip Foisie, ombudsman do jornal do Pentágono, *Stars & Stripes*, que diz que a função do ombudsman é defender o leitor, analisar os assuntos da reportagem e os danos que eventualmente elas possam causar.

Os meios de que dispõe o ombudsman na área jornalística para atingir seus objetivos são: uma coluna, memorandos internos, reuniões com equipes, aplicação de questionários e conferências.

Túlio Costa teve seu trabalho analisado pelos leitores que o acompanharam durante seu período de dois anos como ombudsman da Folha. Recebeu críticas e sugestões, chegando a ter antecipadas as publicações de suas críticas por alguns leitores.

Por isso, não hesita em responder à pergunta de López Muñoz, ombudsman *do El País*: "Quem vigia o vigilante?." O próprio leitor, responde Túlio Costa.

A experiência de Caio Túlio Costa, como ombudsman da *Folha de S. Paulo*, foi muito importante porque inspirou a instituição de outros ombudsman no Brasil, extrapolando a área jornalística.

O Jornal do Estado, de Curitiba (PR), contou também com um ombudsman, o professor Antonio Douglas Villatore que, com um mandato de seis meses, iniciou suas atividades em 6 de novembro de 1991.

A direção da *Folha da Tarde*, por sua vez, nomeou para a função de ombudsman Roberto Iral, com um mandato de um ano, renovável por igual período. Ele deu início às suas atividades no primeiro dia de junho de 1992.

A primeira tentativa de instituir o ombudsman no jornalismo deu-se em 1913, com a criação de um escritório de exatidão para o jornal *World*. Mas, o primeiro no mundo a incorporar as funções do ombudsman à redação de um jornal foi o *Louisvile Courier-Journal* (EUA), em junho de 1967. Ele tratava, porém, de críticas internas. *The Washington Post* foi quem combinou crítica interna à crítica pública, em 1972, com Ben Bagdikian como ombudsman.

Na Suécia, ombudsman da Imprensa (PO), para o público em geral, foi criado em 1969. É considerado um "ombudsman privado", pois sua nomeação é feita por organizações da imprensa, mas sua atuação ocorre independente dela.

Também possuem ombudsman de imprensa os países: Canadá, Grã-Bretanha, Japão, Israel, África do Sul, Espanha e Itália (*La Reppublica*).

Os ombudsman dos jornais, como se conhece no Brasil e em outros países, diante do modelo sueco, recebem a crítica de serem um pseudo-ombudsman, porque o ombudsman de imprensa sueco, ao dar andamento às suas investigações, pode ensejar indenizações ao ofendido, chegando a arbitrar pesadas multas contra os jornais. Além de censurar os jornais, pode, ainda, submeter o assunto ao Conselho de Imprensa sueco.

Odila de Lara Pinto 67

O avanço da instituição do ombudsman, pelo desempenho maduro de seus ocupantes, será a melhor resposta a essas críticas.

5. Promotor da qualidade

O aspecto mais relevante da qualidade, para a realização do presente trabalho, é o que diz respeito à necessidade das organizações estarem voltadas para o cliente. Afinal, o consumidor vai ser o controlador da qualidade, isto é, ele é quem dá a última palavra, concluindo se a organização possui ou não qualidade. Se antes a ênfase era dada ao produto ou técnicas de venda, *hoje, o centro é o cliente.*[8]

Organizações voltadas para o consumidor e com destacada qualidade nos serviços e produtos sobreviverão ao mercado competitivo e estarão aptas para conquistar o mercado mundial.

O fator atendimento, ou seja, a cortesia, a rapidez ou o tratamento que é dado às reclamações dos consumidores, é uma das dimensões da qualidade. A norma adotada pelas organizações para o tratamento das reclamações exerce importante influência na avaliação, pelo cliente, da qualidade do produto e do serviço oferecido pela empresa.

O ombudsman possui a imunidade para trazer para dentro da organização as reclamações dos clientes, facilidade de permear os diversos departamentos e provocar mudanças na busca de soluções. Ao mesmo tempo, propicia a vantagem de que, enquanto se resolvem os problemas dos que recorrem ao ombudsman, a checagem do sistema de qualidade e ações para sua melhoria são efetuados, mantendo sempre o rumo para a satisfação do cliente.

---

[8] Jean Rozwadowski, presidente da filial brasileira da American Express que possui um programa de qualidade denominado *American Express Quality Leadership*, lançado em 1990 pela matriz norte-americana, num esforço para recuperar posições perdidas no mercado internacional para concorrentes como a Visa, em entrevista à revista *Exame*. (NETZ, Clayton. Sua majestade, o consumidor. *Exame*, ed. 514, a. 24, n. 19, p.67. 16 set. 1992).

O protecionismo que caracterizou o mercado interno brasileiro fez com que, por muito tempo, o cliente fosse relegado a segundo plano. A criação, em novembro de 1990, do Programa Brasileiro de Qualidade e Produtividade (PBQP), em meio à nova realidade econômica e pela globalização de mercados, levou as empresas nacionais a sensibilizaram-se para o fato de que, para enfrentar uma situação competitiva, as organizações necessitavam de investimentos em qualidade. Um grande desafio, porém, para as organizações brasileiras, é fazer com que todos os seus membros, e não apenas determinados departamentos, se preocupem com o cliente, com o que ele pensa e deseja. Desse modo, ações de qualidade exigem comprometimento da alta administração das organizações, que deverão estar preparadas para administrar mudanças: mudança cultural para educação e treinamento de pessoal orientado para a satisfação do cliente; gestão participativa nos processos produtivos e administrativos; maior investimento em pesquisas e tecnologias; ouvir o cliente e eliminar imediatismos.

Foi assim que, em agosto de 1991, a diretoria do Hospital e Maternidade São Luis, na cidade de São Paulo, nomeou, por prazo indeterminado, a ombudsman Maria Isabel Figueiredo Marco Antonio que, conjuntamente com um programa de qualidade e produtividade implantado no hospital, permitiu a melhoria do atendimento aos pacientes. O cliente, ao ser internado, recebia um cartão com o número do telefone da ombudsman, para efetuar suas reclamações e sugestões, que se constituiam em importantes subsídios para o aperfeiçoamento do programa de qualidade e melhoria dos serviços hospitalares.

Muitas outras empresas têm constatado a contribuição do ombudsman para a qualidade, especialmente as prestadoras de serviços onde a intangibilidade e simultaneidade de produção e consumo faz com que estas organizações sejam mais rapidamente percebidas e analisadas pelos clientes.

Segunda Parte

Experiência do ombudsman bancário no Brasil

Capítulo III

Requisitos para o exercício da função de ombudsman

Para que o ombudsman possa trazer à empresa, aos clientes e à sociedade os benefícios decorrentes de seu papel, ele deve ser adotado observando-se o mais próximo possível as características originais do instituto. Sua adoção exige que as organizações adotem certas práticas para que o exercício de suas funções se dê com eficácia. Tais práticas são o estabelecimento de um clima organizacional receptivo ao ombudsman, de compromisso institucional em apoio ao ombudsman e de normas gerais que garantam a autonomia de ação, aliadas às qualidades pessoais adequadas à função do ombudsman.

1. Clima organizacional

O ombudsman isoladamente não soluciona todos os problemas da organização, mas é colaborador eficaz de outros mecanismos existentes. A eficácia do ombudsman está diretamente relacionada com a receptividade encontrada na organização e pelo clima organizacional democrático, participativo e interatuante. Para a instituição do ombudsman em empresas que não possuam essas características são necessários alguns ajustes internos que possibilitem um tratamento adequado às reclamações dos clientes. Este trabalho interno vem sendo realizado, por exemplo, pelo Laboratório Sardalina Ltda, conhecido pelo público como Davene. Contratada em março de 1993, Leni Idalgo de Toledo diz que "se os canais internos estiverem bloqueados e as relações internas complicadas, o ombudsman em nada poderá contribuir para o cliente e para a empresa." No momento, a Davene está em fase de reorganização interna e centralização do recebimento de queixas e respostas aos clientes. Assim, Leni aguarda ansiosamente, enquanto colabora nessas atividades, para assumir as funções de ombudsman.

Entretanto, os ombudsman de duas instituições bancárias que terão suas experiências relatadas mais adiante, esclarecem sobre este aspecto de ajustes internos à organização.

Segundo Marco Aurélio Klein, na época, ombudsman do Banco Nacional: "o ombudsman é apenas parte do processo de autocrítica por que o Banco está passando. A empresa vive um momento aberto e a diretoria hoje está mais participativa e interativa. A administração está mais aberta. Clima propício para implantação do ombudsman com eficácia."

Sílio Jader Noronha Brito, ombudsman do Banco Real diz, por sua vez, que o ombudsman para poder promover as mudanças necessárias para soluções dos problemas apontados precisa da aceitação por parte dos funcionários. "Primeiramente, foi feita divulgação interna através do *Jornal Real* que circula internamente em todas as unidades inclusive do exterior; enviou-se Mala Direta para todos os funcionários que exercem cargo de chefia; depois, utilizou-se da imprensa. Os mais importantes periódicos do país publicaram entrevistas: a *Folha de S. Paulo*, o *Jornal do Brasil*, a revista *Exame*, a revista *Visão*, o *Correio Braziliense*, a *Gazeta Mercantil*, o *DCI*, o jornal *O Dia*, além das rádios *Eldorado* e *Jovem Pan*, de São Paulo. Aos clientes foi remetida Mala Direta, cerca de 820.000, além de *displays* com questinários e mensagens estimulativas e colocação de telefones em todos os pontos de venda, em todo o território nacional.

Todo esse trabalho de divulgação foi realizado com o objetivo de conscientizar a empresa de que a inexistência do ombudsman era um problema decorrente de nossa cultura. Feito que até executivos muito inteligentes e graduados duvidavam da eficácia de um ombudsman em uma empresa aqui no Brasil."

Para o bom funcionamento do ombudsman na Administração Pública, em princípio, o regime do país que o adota deve ser democrático, com leis claras sobre os deveres e direitos dos cidadãos e as responsabilidades do Estado. Além disso, o ombudsman só será eficiente se já contar com outros órgãos voltados para o bom funcionamento da administração pública e proteção dos direitos individuais. Não se pode esquecer que, por estar em contato direto com os cidadãos, estes devem ter um bom nível sóciocultural para fazer bom uso deste canal, efetuando reclamações com bom senso e desembaraço.

2. Apoio institucional

Por não possuir poderes coercitivos, o ombudsman precisa do respaldo encontrado na lei ou na mais alta autoridade administrativa das organizações. Sem esse respaldo, o poder de resposta do ombudsman fica prejudicado, não se diferenciando dos serviços de encaminhamento de reclamações.

Percebe-se mais claramente as conseqüências que a ausência do apoio da alta administração traz para o instituto, pela experiência do Banco Real, relatadas pelo senhor Sílio J. N. Brito. Segundo ele, o Banco já possuía uma "Assessoria de relação com o cliente" quando assumiu as funções de ombudsman do conglomerado Real, passando a chefiar esta Assessoria. Antes de sua ida para lá, e apesar dos esforços de seus funcionários, o departamento não tinha muita importância dentro do Conglomerado. Seus colegas se surpreenderam com a sua indicação para aquele lugar, uma vez que sua experiência funcional o recomendava para algo mais desafiador. Mas, ao examinarem as grandes mudanças implementadas no decorrer de sua atuação, o conceito daquele mesmo setor se elevou e hoje é considerado "a menina dos olhos" da organização. Diz ele, que atuou sozinho, mas obteve total apoio do Presidente. Resultados tão positivos e claramente perceptíveis alcançados pelo ombudsman do Banco Real decorrem do apoio prestado pelo Presidente entusiasta da idéia.

Para confirmar a conclusão acima, no dia 6 de maio de 1992, foi efetuado um contato com uma determinada instituição bancária, possuidora de um Serviço de Atendimento ao Cliente, mas não de um ombudsman. No depoimento do chefe desse Departamento, posicionado em nível de Assessoria de Diretoria, foi dito que suas funções, apesar de serem semelhantes às do ombudsman, isto é, boa vontade em resolver os problemas dos clientes, acompanhamento das reclamações recebidas pelo departamento e cobrança de soluções, ficam dificultadas. Falta respaldo da Presidência para melhorar os serviços e modificar procedimentos. "Algo se tem conseguido, mas a demanda de tempo é muito maior." E conclui: "não deixa de ser um trabalho interessante, pois ouvindo os clientes, consegue-se incutir na diretoria que há necessidade de uma mudança urgente de postura administrativa."

Assim, no Banco Real, o ombudsman, é uma pessoa de confiança da Presidência, subordinado ao presidente da empresa, entusiasta da idéia. Do contrário, falha. Por sua vez, o ombudsman só deve satisfação ao presidente da empresa.

Pela experiência do Banco Nacional, constata-se que o ombudsman só se reporta à mais alta autoridade da empresa, recebendo o poder moral delegado por esta autoridade. O então Presidente do Nacional, Arnoldo de Oliveira, comprou a idéia do ombudsman. Este compromisso e respaldo são muito importantes.

Os poderes do ombudsman na Administração Pública são de inspeção, persuasão à autoridade administrativa e de proposta junto às autoridades administrativas superiores, jurisdicionais e legislativas. Não tem poder coercitivo e se impõe na base da autoridade moral, pelo acerto de suas conclusões e equilíbrio de suas atitudes.

3. Autonomia de ação

O ombudsman deve possuir autonomia de ação para garantir imparcialidade na solução dos problemas. Esta autonomia decorre do estabelecimento de normas gerais de atuação e de investidura no cargo, conforme demonstram as experiências do instituto nas empresas e na Administração Pública.

No jornalismo, o ombudsman deve ter independência para poder criticar e apontar erros. Neste sentido, Ismael López Muñoz diz que o ombudsman deve ser autônomo, não mantendo relações com a empresa, nem com o diretor, nem com os jornalistas.

O ombudsman do *El País*, primeiro jornal de língua latina a possuir ombudsman, é nomeado por um ano, renovável uma vez. Não pode ser demitido, mas tem o direito de pedir demissão a qualquer momento.

No Banco Nacional, o ombudsman possuía autonomia e independência através de um mandato de um ano, renovável, não podendo ser demitido nesse período nem sair. (Neste último aspecto difere da *Folha,* que foi o modelo inspirador do Nacional). Está posicionado em nível de diretoria e possui respaldo da Presidência do Banco o que lhe confere um poder de sugestão muito elevado, isto é, a sugestão do ombudsman tem que ser considerada e ele deve ser respondido em todas as suas inquirições.

No Banco Real, o ombudsman é independente em relação ao presidente, possuindo liberdade de ação e crítica.

Normalmente, as características do ombudsman na Administração Pública devem ser: instituído por lei, independer tanto do legislativo como do executivo, não integrar a administração, ser autônomo, ser de fácil e direto acesso, ter conhecimento administrativo e jurídico, ser competente e defender os interesses da parte sem ser partidário.

Na Suécia, a independência do ombudsman, tanto em relação ao Parlamento como ao executivo, é garantida mediante dispositivos constitucionais, legislativos e outros. Uma vez eleito pela maioria parlamentar, está apenas sujeito a normas gerais de comportamento, prescritas na constituição, leis e regulamentos. Escolhido entre pessoas versadas em direito, juristas, advogados ou juízes, recebem vencimentos iguais ao do Juiz da Suprema Corte.

Sua independência ainda é garantida pelo mandato de quatro anos, com possibilidade de ser reeleito. Possui liberdade no desenvolvimento de suas atividades, obrigando-se a apresentar relatório anual ao Parlamento, contendo um resumo dos casos mais importantes ocorridos no exercício de suas funções, suas conclusões, dados estatísticos e recomendações de ordem geral. Este relatório constitui um instrumento de jurisprudência administrativa.

O Parlamento (*Riksdag*) pode, entretanto, exonerar o ombudsman se este cometer falta grave no cumprimento de seu dever, o que é difícil acontecer.

4. Qualidades pessoais

O ombudsman deve possuir perfil adequado às exigências inerentes às suas funções. Quando estas são desempenhadas com acerto e imparcialidade, a credibilidade na instituição e, por conseqüência, na organização se solidificam.

Nas empresas de um modo geral, os ombudsman devem conhecer a organização a que pertencem e possuir muita paciência.

No Hospital Fêmina, de Porto Alegre, o ombudsman Jacó Zylbersztein diz que as qualidades de um ombudsman são paciência, sensibilidade e isenção de ânimo. Ele foi nomeado em janeiro de 1991 e possui um mandato de dois anos com estabilidade no emprego. A experiência dele é pioneira no Brasil na área hospitalar.

No jornalismo, segundo Caio Túlio Costa, as qualidades requeridas para a pessoa do ombudsman são paciência infinita e saber ouvir. Paciência também é a qualidade fundamental para Takeshi Maezawa, chefe durante anos do Comitê dos Ombudsman do maior jornal do Japão, *Yomiuri Shimbun*.

Na área bancária, em debates com a cúpula administrativa do Banco Nacional, chegou-se à conclusão de que a pessoa melhor indicada para assumir o cargo de ombudsman seria a que conseguisse reunir três coisas: conhecesse o processo do banco, conhecesse o banco e as pessoas do banco e, em contrapartida, não fosse do banco.

No Banco Nacional, a equipe do ombudsman é pequena, apesar de seus serviços abrangerem todas as agências do Brasil. Ela é composta de: um ombudsman, um assistente e duas auxiliares, na época da entrevista com Marco Aurélio Klein (abril de 1992). Esta equipe não possui estrutura hierárquica e todos prestam contas ao ombudsman. Ela está encarregada de controlar o fluxo de informações do cliente para as diversas áreas dentro do banco e vice-versa.

Para Marco Aurélio, as pessoas dessa equipe devem possuir características que considera algumas desejáveis e outras, fundamentais. A fundamental é a paciência. Deve possuir a habilidade do que ele considera do "bom diplomata", isto é, ser suave e duro quando necessário.

No Banco Real, segundo a experiência de Sílio Jader Noronha Brito, o ombudsman deve ser, por excelência, uma pessoa profundamente versada em Relações Públicas, pois o seu cotidiano depende muito disso. No caso do conglomerado Real, o ombudsman não possui mandato. O tempo é indefinido, pois trata-se de funcionário de carreira, com experiência nos diversos níveis hierárquicos da empresa, mas ao mesmo tempo descompromissado com ela, isto é, com aposentadoria assegurada.

As qualidades requeridas para o ombudsman na Administração Pública são probidade, conhecimentos jurídicos e domínio da administração pública, bem como consciência social.

Capítulo IV

O ombudsman no setor bancário

1. Funções

Nas organizações, de um modo geral, as funções do ombudsman consistem na defesa do cliente, captação de seus anseios, internalizando-os e efetuando recomendações para solução ou eliminação dos problemas.

Do mesmo modo na área bancária, o ombudsman representa o cliente e, internamente à organização, procura a solução para o seu pleito. Ao defender o cliente, ele interage com a sociedade e promove a qualidade. O modo como os ombudsman desempenham suas funções repercute na organização como um todo.

Nas páginas seguintes, serão descritas algumas dessas experiências na área bancária. As dos bancos brasileiros são relatos dos ombudsman em entrevista e, quando estão se reportando, suas citações estão entre aspas.

Interface da empresa com a sociedade

A interação da organização com o ambiente também dá-se através do ombudsman. Ao relacionar-se com os clientes, o ombudsman atualiza-se com os anseios que eles refletem da sociedade. Ele também se relaciona com a mídia e outras instituições que atingem diversos públicos do ambiente. Estar atento às mudanças da sociedade e às suas leis constitui uma das funções do ombudsman bancário.

O ombudsman Sílio Jader Noronha Brito, assim que assumiu o cargo, estudou o Código do Consumidor para identificar quais os pontos conflitantes entre ele e o sistema de trabalho do Banco Real e solicitou modificações: "Preciso estar atento às leis. Eu sou o primeiro a indicar que nós estamos com procedimento que está em desacordo com a legislação, com aquele decreto, e temos que mudar", afirma.

É preciso esclarecer que ele já estava atuando como ombudsman há um ano quando o Código entrou em vigor. Essa interação do ombudsman com o ambiente também ocorre através de pesquisas feitas junto aos clientes, captando subsídios que, além de servirem para modificar normas e procedimentos, podem servir para criação de novos produtos e serviços.

Defensor do Cliente

O ombudsman defende os interesses do cliente no seu relacionamento com o banco. Ele esclarece atos administrativos e encaminha as reclamações dos clientes internamente à organização, corrigindo falhas específicas no atendimento.

O relacionamento do ombudsman com os clientes do banco a que pertence está descrito pelos ombudsman bancários a seguir, onde se destaca o respeito pelo cliente e a preocupação de não perder a credibilidade junto aos mesmos:

Para Marco Aurélio Klein, ombudsman do Banco Nacional, o instituto, presente em nossos dias em várias empresas, personaliza e humaniza o atendimento aos clientes.

A existência do ombudsman ajuda a resolver os problemas passados da empresa, a baixar o nível de ansiedade e de insatisfação do cliente, uma situação que se propaga muito rápido.

No Banco Real, a criação do ombudsman ocorreu em virtude de uma preocupação com o cliente. Sílio Jader Noronha Brito já estava no mercado um ano antes do advento do Código de Defesa do Consumidor. Com sua nomeação, passou a chefiar um departamento de atendimento ao cliente já existente, denominado "Assessoria de relação com o cliente", fundindo as suas funções com a de ombudsman do Banco Real S.A. e de suas associadas.

Em seu entendimento e por seu aprendizado pessoal, as funções do ombudsman devem ser: ouvir o cliente e apresentar soluções que o deixem satisfeito – esta satisfação pode ser atingida por meio de esclarecimento, com argumentos capazes de mostrar-lhe que a sua reclamação é indevida; atualizar-se com as leis do sistema financeiro e indicar alterações dos pontos que conflitarem com elas; proporcionar espaços maiores para o cliente reclamar e sugerir, como por exemplo, realização de pesquisas junto aos consumidores.

Segundo Sílio Jader Noronha Brito, o ombudsman tem que ver a empresa pela ótica do cliente, deve perceber o que ele está sentindo, colocando-se em seu lugar. O ombudsman tem que ser acessível ao cliente. A expressão "Isto não é comigo" jamais pode ser dita à pessoa que se dirige ao ombudsman. O cliente deve estar convicto de que falou com a pessoa certa.

O ombudsman do Banco Real só vê vantagens para a empresa que o possui, desde que suas funções sejam exercidas adequadamente. O único perigo é a perda da credibilidade, isto é, o cliente reclama e não obtém uma resposta.

"Deve haver seriedade ao empenhar-se num programa como este, isto é, precisa estar bem definido se a empresa quer realmente um ombudsman para resolver problemas, ou simplesmente um programa para fazer mídia."

Promotor da qualidade

Ao internalizar as reivindicações dos clientes, o ombudsman detecta pontos de estrangulamento ou de mau funcionamento na organização e recomenda modificações para solucionar as causas. Assim, tem-se revelado em um importante promotor da qualidade.

Para Marco Aurélio Klein, a presença do ombudsman no Banco Nacional faz com que as pessoas "funcionem num novo mecanismo", isto é, resolvam problemas que, no geral, não chegavam ao conhecimento do diretor e, mais, tenham uma visão crítica do processo dentro da sua área.

"O ombudsman pode contribuir para a melhoria da qualidade dos serviços. A existência dele já contribui um pouco, mas é importante a receptividade que ele tem. Grandes mudanças, ou seja, as mudanças do processo que podem revolucionar, dependem da sua capacidade de trazer isso para dentro do banco, de cobrar soluções e da capacidade das pessoas ficarem abertas para receber e responder. Cabe portanto, ao ombudsman, dizer que as coisas estão acontecendo, descobrir o porquê e fazer com que elas mudem."

No mesmo sentido, Sílio Jader Noronha Brito diz que o ombudsman deve dar solução rápida e eficaz às reivindicações; mover a máquina para modificar procedimentos e sistemas, no sentido de que as reclamações desapareçam e não haja reincidência; elaborar relatórios, gráficos, estatísticas das ocorrências e reportar-se ao Presidente. E ressalta que "alguns dos pontos importantes do ombudsman são consertar procedimentos e mudar filosofias e sistemas, de forma a melhorar a qualidade, fazendo com que diminuam ou até desapareçam as reclamações."

2. Experiências práticas de ombudsman no setor bancário

As experiências relatadas neste tópico são provenientes de entrevistas realizadas com os ombudsman bancários existentes no Brasil. Cada banco citado possui ou já possuiu um ombudsman. Mas em outros países as experiências podem diferir das brasileiras como, por exemplo, o ombudsman bancário australiano, em que dezessete bancos subsidiam um mesmo ombudsman para todo o sistema bancário.

Austrália

O ombudsman na área bancária australiana iniciou suas atividades em maio de 1989. Ele surgiu como conseqüência do reconhecimento pelos bancos da necessidade de aperfeiçoamento de seus serviços e de sua imagem perante o público.

Até então, projetos de ombudsman – *Administrative Appeals Tribunals* – e outros mecanismos introduzidos pelo governo na reforma administrativa em meados de 1970 não estavam tendo repercussão nas empresas privadas. Os bancos não davam prosseguimento às reclamações dos clientes e, dentre estes, somente os possuidores de recursos podiam ter acesso às cortes e arcar com o alto custo, complexidade e demora do litígio.

Atualmente, o ombudsman bancário atinge a todos os clientes, presta um serviço gratuito a seus usuários e possibilita discussão sobre leis e práticas bancárias.

Dezessete bancos participaram da implementação do sistema australiano, comprometendo-se a subsidiar o projeto e a contribuir com o fundo para manutenção do sistema. Assinaram um acordo regulamentando as matérias bancárias que poderiam ser objeto de investigações do ombudsman.

A independência do ombudsman para exercício de suas funções no atendimento do consumidor é garantida pelo Conselho formado por três representantes de consumidores, três representantes dos bancos e um intermediador independente entre o ombudsman e os bancos.

Todas as reclamações recebidas pelo ombudsman são comunicadas aos bancos envolvidos antes de sua intervenção e a maioria dos casos é solucionada neste estágio. Se persistir o impasse, banco e cliente são conduzidos à presença do ombudsman, onde se tenta resolver o conflito. Se não houver solução nesta etapa ainda, o assunto tramitará por formais procedimentos judiciais requeridos pelo ombudsman. Mas muitas disputas estão sendo resolvidas em estágios anteriores.

Pela atuação do ombudsman, pode-se constatar que as relações entre clientes e bancos podem ser melhoradas através do esclarecimento das práticas bancárias, tornando-as mais claras a seus consumidores, tais como taxas e condições de empréstimos praticados pelos bancos.

Brasil

No Brasil, inicialmente, três instituições bancárias possuíam o ombudsman. Sílio Jader Noronha Brito, ombudsman do Banco Real, foi o primeiro ombudsman bancário.

O primeiro ombudsman do Banco Nacional foi Marco Aurélio Klein que, ao encerrar a prorrogação de seu mandato, foi substituído pelo economista Carlos Valmer, que respondia pela área de controle de qualidade do banco.

A primeira ombudsman do sistema bancário brasileiro foi a economista angolana, Maria Amélia Soares Parreira, que assumiu em abril de 1991 suas funções no Banco Mercantil de Pernambuco.

Hélio Telles de Carvalho é o primeiro ombudsman de Banco Estadual, excluíndo-se a experiência do Banestes, no Espírito Santo, que nomeou seu ombudsman, mas o mesmo não chegou a iniciar suas atividades. Hélio Carvalho é Ouvidor Geral do Baneb – Banco do Estado da Bahia, desde 1992.

Odila de Lara Pinto

As experiências de cada um deles serão tratadas mais adiante, com detalhes, para que possam servir de subsídios e inspiração para sua disseminação dentro da área bancária, objeto deste livro. Elas foram prestadas pelos ombudsman, em entrevista, estando entre aspas suas citações.

Antonio Celso Naves e sua substituta Liliane Ferreira Porfírio respondem pela Ouvidoria mais recentemente instituída, qual seja, a do BRB – Banco de Brasília, que iniciou suas atividades em abril/96 e cujas experiências também serão relatadas nesta obra.

Banco Nacional S.A.

Pode-se dizer que a experiência de dois anos de Marco Aurélio Klein como ombudsman do Banco Nacional foi positiva. Tanto é assim que o economista Carlos Valmer, que respondia pela área de controle de qualidade do banco, assumiu a função de ombudsman do Banco Nacional. O banco incorporou esta função definitivamente dentro de seus quadros.

Marco Aurélio Klein[9] conta suas experiências de ombudsman do Banco Nacional desde o surgimento da idéia de sua criação.

Em outubro ou novembro de 1989, Klein se deu conta da experiência da *Folha de S. Paulo* iniciada em setembro de 1989. Sua empresa de consultoria já vinha prestando serviços ao Banco Nacional. Em dezembro de 1989 apresentou um projeto de criação do ombudsman, mas, com o Plano Collor, o assunto foi abandonado até novembro de 1990. Depois que as coisas estavam mais organizadas, passou a iniciar suas atividades em março de 1991.

Por reunir as qualidades de conhecer a empresa, as pessoas da empresa e ao mesmo tempo não fazer parte dela, Marco Aurélio Klein foi contratado para exercer as funções de ombudsman. No início de suas atividades, teve de enfrentar a reação de perplexidade e incredulidade dos clientes diante da possibilidade de ter seus

---

[9] Em entrevista realizada no dia 28 de abril de 1992 em São Paulo.

problemas resolvidos pelo ombudsman. Havia certa dificuldade de as pessoas acreditarem que alguém lutava por elas e era eficiente nisso. Com oito meses de atuação como ombudsman do Banco Nacional, Marco Aurélio Klein já havia vencido a resistência de alguns executivos do banco. Algumas modificações, sugeridas pelos próprios clientes, foram implantadas.

O papel do ombudsman revelou-se importante porque "a estrutura do banco é muito grande e complexa, e há uma distância grande entre o que o diretor do banco pensa, o que está acontecendo lá fora e o que o cliente pensa ou percebe."

Segundo a máxima de Marco Aurélio Klein: "quando o cliente procurar você na agência, o cliente tem um problema. Quando ele procurar a mim, quem tem problema é você." "O ombudsman atua dentro da organização procurando a autoridade responsável para resolver o problema do cliente. Nunca devolve a ele o problema. É um processo de aprendizagem para todos. Tanto para o fornecedor, que é o banco, pois tem que ouvir e explicar as coisas ao cliente, como para o consumidor, pois tem que aprender a dialogar. Para o fornecedor é mais difícil, uma vez que não está acostumado a se expor."

"O nível de credibilidade só existe se meu trabalho for 100%. Ou o sujeito responde ao ombudsman ou desacredita o trabalho como um todo. Acontece que o ombudsman tem um mandato, ele passa, mas a organização e a instituição do ombudsman ficam, e ficam sem a credibilidade."

Segundo Marco Aurélio Klein, a resposta da organização tem sido boa. As pessoas motivaram-se com a novidade. O sucesso da boa receptividade, ele credita à divulgação interna efetuada por ocasião do início de suas atividades. Afirma que "as pessoas gostam que o banco seja diferente, que tenha a presença de um ombudsman. Sentem orgulho."

"Preocupamo-nos em inventar mecanismos que transformem as queixas dos clientes em verdadeiras usinas de contribuições para a melhoria de todo sistema."

"Ombudsman por um dia" é um programa especial de atendimento que o ombudsman e a Diretoria de Recursos Humanos organizaram para ser iniciado em abril de 1992. A inovação fará com que, no mínimo, um gerente de cada agência, e se possível dois – um de vendas e outro de atendimento – em grupos simultâneos, no Rio de Janeiro e em São Paulo, atenda o cliente, desde quando ele liga para fazer a reclamação até na abertura de fichas, no contato com a agência reclamada e com o regional da área. O objetivo é fazer com que os gerentes sintam o estado de ansiedade e de animosidade com que os clientes procuram o ombudsman. O choque cultural, por si, deve causar transformações.

Parte das responsabilidades do ombudsman é de possibilitar que aquilo que o cliente reclama e diz que está errado se transforme em modificações. "A função do ombudsman não é só deixar o cliente tranqüilo naquele momento, mas é de transformar processos."

As opiniões reunidas no relatório,[10] criado com a intenção de sintetizar as ações do primeiro ano de atividades do ombudsman do Banco Nacional, demonstram o quanto se está transpirando em todo Banco, na busca de um nível ideal de qualidade.

O balanço da atuação de Marco Aurélio Klein como ombudsman do Banco Nacional é o seguinte:

Do atendimento de 4.600 reclamações nos 791 postos e nas 371 agências do Banco Nacional, 80% delas estavam relacionadas com o mau atendimento. Para Klein, as causas do mau atendimento são a baixa remuneração e a alta rotatividade nos postos de trabalho.

Observa-se, na experiência do Banco Nacional, o trabalho desenvolvido para vencer resistências dos executivos e provocar mudança comportamental dos seus gerentes despertando a necessidade de adotar-se uma postura mais orientada para o cliente.

---

[10] Relatório: *Ombudsman*. São Paulo : Publicação do Nacional em comemoração do ano I de atividade do ombudsman. Tiragem de 4 mil exemplares, 11 mar. 1992.

Banco Real S.A.

Sílio Jader Noronha Brito,[11] ombudsman do Banco Real e de suas associadas, descreve sua experiência:

O cargo de ombudsman foi instituído em primeiro de março de 1990 para atendimento do Banco Real S.A., do conglomerado financeiro e de todas as empresas que levam o nome Real: Hotel Transamérica, Companhia Real de Turismo, Sorvete La Basque, Companhia Real Seguradora e as financeiras Companhia Real de Arrendamento Mercantil, Companhia Real de Investimento, Banco Real de Investimento, Companhia Real de Crédito Imobiliário e Banco Real S.A., o carro chefe da Organização. As ações do ombudsman abrangem o Brasil inteiro.

Desde 1982, Sílio chefia departamentos diretamente ligados à Presidência do Conglomerado Financeiro. Funcionário com 40 anos de carreira bancária , dos quais 36 só no Banco Real, já passou por diversos departamentos importantes que lidam com as pessoas e há mais de 20 anos trabalha na Administração. A escolha de seu nome para o cargo de ombudsman proporciona maior facilidade na solução e encaminhamento dos problemas e uma maior aceitação por parte dos próprios funcionários executivos, da própria rede e dos funcionários em geral. Por outro lado, precisou passar por uma mudança comportamental, porque esteve muito tempo envolvido com a cultura da empresa e agora teria que defender o cliente. "Todo o meu comportamento anterior eu tive que mudar, porque de vestir a camisa do banco eu tive que vestir a do cliente, mas indiretamente é a do banco, porque com o cliente satisfeito, o banco fica satisfeito."

Fez um curso de chefia no Citybank que lhe proporcionou condições para constituir sua equipe de trabalho composta por treze pessoas. É uma equipe integrada, participativa e muito valiosa para o ombudsman.

---

[11] Em entrevista concedida em 30 de abril de 1992 em São Paulo.

Ele conta também com uma estrutura de recursos materiais razoável.

O Serviço de Controle de Qualidade trabalha em consonância com o ombudsman. Segundo Sílio, há um conceito totalmente errado de qualidade. "Nós damos importância a toda reclamação. O ombudsman tem que acreditar no cliente. Muitos pensam em números, estatísticas, demonstrando índices de reclamações, então, quando se fala em dez reclamações, alguns dizem que é muito pouco em relação ao universo de um milhão de clientes. Mas quando um reclama, mil não reclamaram e passaram para outro banco."

O Banco possui um sistema de avaliação de agências que influencia as decisões de aumentos espontâneos, promoções e, dependendo do teor da reclamação, as demissões. Possui um cadastro das agências com os índices de reclamações contra elas. E naquelas com maiores índices de ocorrência, é feito um trabalho para eliminar as causas.

"Nossa meta é ser o melhor no atendimento do mercado do Brasil. O que queremos é que o cliente diga que o Banco Real tem um ombudsman, mas não precisa dele. A função de ombudsman é fundamental para a empresa que não quer ficar para trás."

No que se refere ao tratamento das queixas, o ombudsman do Banco Real diz que prefere o sistema de antecipar soluções e respostas por telefone, mas que todas elas são confirmadas por carta ao cliente queixoso. As reclamações que exigem pesquisas mais demoradas, devem ter seu recebimento acusado no prazo máximo de 24 horas, indicando a estimativa de tempo para solução definitiva.

Ao ser indagado por executivos sobre os números de reclamações para consubstanciar um determinado assunto, diz ser da opinião de que uma reclamação apenas é motivo para providências, pois quando um cliente reclama, vários podem estar descontentes com a mesma falha, porém não reclamaram.

O tratamento das sugestões é semelhante ao das reclamações. O recebimento das mesmas é acusado e, após análises, o cliente é informado se a sugestão foi aceita ou não; em caso negativo, é esclarecido sobre o motivo.

"A mensuração dos resultados do ombudsman faz-se pela queda quantitativa das reclamações. Num primeiro momento de sua criação, com a divulgação, haverá um aumento que, dependendo da eficiência do profissional, deverá cair vertiginosamente a médio prazo. Além disso, é preciso medir a satisfação dos reclamantes em relação ao próprio ombudsman. Para isso são utilizados os sistemas de Mala Direta, periodicamente, onde clientes respondem sobre o seu contentamento ou descontentamento com as soluções dadas aos seus pleitos."

"Ao instituir a figura do ombudsman, a empresa tem de estar conscientizada da sua função e importância", adverte Sílio Jader Noronha Brito. A seu ver, ele deve estar "invariavelmente subordinado ao próprio presidente." "Se houver falta de consciência dos Executivos e de irrestrito apoio superior, o fracasso será líquido e certo."

A empresa, ao criar o cargo, tem de estar profundamente conscientizada de que haverá mudanças, pois o "ombudsman é um agente de mudanças", afirma.

"A solução isolada da reclamação do cliente/consumidor não atinge os objetivos para as quais a função foi criada. São necessárias providências ágeis e eficazes, no sentido de modificar sistemas e procedimentos, visando solucionar o problema de maneira global, reduzindo assim, drasticamente, ou mesmo eliminando por completo, o percentual de reclamações sobre aquele assunto."

A aceitação do ombudsman pelo público foi das melhores. Centenas de contatos são realizados diariamente, de todo o Brasil e por todas as vias: telefone, cartas, fax, telegramas e inclusive visitas pessoais. O Departamento teve que passar por profundas reestruturações para atender ao aumento da procura.

O público do ombudsman do conglomerado financeiro é variadíssimo e constitui-se de todos aqueles que se utilizam de seus serviços e produtos. O ombudsman dispensa atenção a todos e seu

Odila de Lara Pinto

trabalho está voltado especialmente para aqueles que têm razão. "No nosso caso, quando se trata de reclamações procedentes o percentual de solução é de 100%. Aliás, achamos que o ombudsman que não solucionar pronta e rapidamente 100% das reclamações procedentes não é na realidade um ombudsman", observa Sílio.

As "Caixinhas de Sugestões" no Banco Real têm um tratamento importante: respeito ao cliente. O cliente sabe a que resultados levaram a sua contribuição. "Se o cliente teve o trabalho de responder a uma pesquisa, é porque ele quer ser lembrado." Segundo Sílio Jader Noronha Brito, desde que o cliente se identifique, ele obtém uma resposta com o aproveitamento das sugestões. O cliente recebe um comunicado explicando o motivo do não aproveitamento das propostas recusadas. Com esse tipo de comportamento, o retorno das pesquisas que era de apenas 10%, ultrapassou esta expectativa. Demonstra-se, assim, preocupação e interesse pelo cliente. "Através desse trabalho, que é uma espécie de pesquisa de mercado, eu começo a sentir o que o cliente está precisando."

A atuação do ombudsman deve ser ágil. Se o cliente tem razão, a solução precisa ser satisfatória e integral, mesmo implicando em ressarcimentos financeiros, como juros e correção monetária. Nos casos de prejuízos morais, devem ser utilizados mecanismos específicos para a reparação. "A credibilidade deve ser preservada a qualquer custo" e o reconhecimento do erro é fator preponderante para a manutenção da credibilidade. Quando o cliente não tem razão, e há casos de elementos arrogantes, é necessário deixá-los convictos de seu engano e satisfeitos também.

Sílio Jader Noronha Brito conta casos curiosos de pessoas que se tornaram assíduas em telefonar para ele e sua equipe. Algumas somente para agradecer, outras para reclamar semanalmente. Até quando o telefone está ocupado, ele apresenta a reclamação. A atitude do ombudsman do Banco Real é de fazer a ligação internamente e transferir a ligação. "Se a gente disser para ele continuar tentanto telefonar, ele nunca mais nos procura."

Em fevereiro de 1991, em entrevista ao *Jornal do Brasil*, disse que recebia mil chamadas telefônicas e 350 cartas de clientes por mês e que, apesar do objetivo do sistema ser de solucionar todas as reclamações, poucos as faziam por acharem que o sistema não funcionava. A maioria dos pedidos, na ocasião, eram de informações sobre rendimentos de "overnight", valor da BTN ou taxa de juros do dia.

"Uma das principais funções do ombudsman é otimizar, modificar, melhorar, mudar sistemas e procedimentos a fim de obter qualidade e diminuir as reclamações. Neste aspecto, o sucesso foi total. Já fizemos dezenas de mudanças, chegando a zerar o número de algumas reclamações e diminuir substancialmente outras."

Ressalta-se na experiência do Banco Real, a preocupação com a qualidade que permeia toda a organização e a atuação do ombudsman como importante elemento estimulador desses programas, evitando a acomodação.

A partir de agosto de 1994, o ombudsman Sílio relatou[12] algumas modificações introduzidas em seu Departamento, visando a torná-lo ainda mais eficaz. Uma delas é a mudança do nome de Assessoria de Relações com Clientes para SAC – Serviço de Atendimento ao Cliente, nome mais conhecido no mercado. Outras são a desvinculação de sua área com a Controladoria de Qualidade do Banco, uma vez que se revelou mais vanguardista em relação a esta, e mudanças nos processos de registros e repasse das ocorrências, visando agilizar a resposta ao cliente.

Banco Mercantil de Pernambuco S.A.

Maria Amélia Soares Parreira assumiu sua função de ombudsman no Banco Mercantil de Pernambuco, na cidade de Recife, em abril de 1991. Na época, era diretora de Marketing e acumulou as funções de ombudsmam. Isso foi bom porque ela

---

[12] Entrevista concedida em 21.12.95.

Odila de Lara Pinto

sabia para onde direcionar as verbas na promoção do ombudsman, uma vez que a sociedade em geral não tinha conhecimento do instituto e de suas funções. Segundo Maria Amélia[13], o ombudsman deve ser voltado para a comunidade, para o consumidor e para proporcionar produtividade, qualidade e atendimento personalizado pela empresa. Em seu período de atuação, a imagem do Banco cresceu muito, ficou mais conhecido e obteve boas repercussões na rentabilidade.

Porém, em setembro de 1992, a figura do ombudsman no Banco Mercantil de Pernambuco deixou de existir, por motivo de mudança de estratégia do banco. Ele passou a atuar apenas com Pessoas Jurídicas. Isto implicou o fechamento de agências. Atualmente, ele possui apenas um serviço de atendimento.

Na ocasião, Maria Amélia escreveu para os clientes explicando a extinção do ombudsman. Houve muito questionamento dos clientes, pois eles acreditaram no instituto e motivaram-se. O Banco, por sua vez, teve que dar muitas explicações.

Ela revelou um fato importante em seu depoimento: tentou fundar uma "Associação Nacional do Ombudsman", para fortalecimento da função dentro da empresa. Esta idéia seria muito saudável, uma vez que auxiliaria na observância das práticas e adoção do instituto pelas empresas, dentro da seriedade e filosofia que o originou.

A experiência do Banco Mercantil de Pernambuco evidenciou a importância de inserir-se o ombudsman no planejamento estratégico da organização, além do comprometimento das pessoas.

Banco do Estado da Bahia S.A.

Em 1992, por iniciativa do Presidente Paulo Vianna, o Banco do Estado da Bahia – Baneb instituiu a sua Ouvidoria Geral. Após muitos anos exercendo funções bancárias, o sr. Hélio Telles de Car-

---

[13] Contactada em 29 de abril de 1993.

valho[14] foi o homem escolhido pelo Presidente para assumir a Ouvidoria e enfrentar o desafio de, por intermédio de seus clientes, identificar as deficiências do Banco e aperfeiçoar seus serviços.

O sr. Hélio trabalhou no Baneb de 1979 a 1987, retornando em 1991. Ele tem conhecimento e bom relacionamento com as diretorias e funcionalismo da Casa.

A Ouvidoria está situada no âmbito da diretoria e abrange os trezentos pontos de atendimento do Baneb, prestando serviços através de uma equipe de sete pessoas, escolhidas pelo próprio Ouvidor.

Para a implementação do Ombudsman ou Ouvidoria, como muitos preferem traduzir o termo, foi desenvolvido um trabalho prévio de esclarecimento da função, tanto interna como externamente à empresa. O próprio Presidente fez alguns comunicados procurando conscientizar o quadro de pessoal sobre a figura do Ouvidor e sua real importância. Externamente, a função foi divulgada para o grande público através de televisão, jornais e cartazes afixados em toda a rede Banebiana.

Da média de 120 casos mensais registrados, a maioria são reclamações. Sugestões ou opiniões são recebidas na proporção em que são apresentadas e contribuam com melhorias ou inovações em algum sistema e proporcionem benefícios para o cliente. Há também um importante trabalho de acompanhamento da satisfação do cliente e das soluções de todas as ocorrências.

Cada ocorrência é registrada com os dados do cliente, inclusive profissão, para posteriores contatos e compilação de dados estatísticos. Mesmo nos casos em que as soluções são apresentadas de imediato, o assunto é repassado para as unidades pertinentes para notificação do problema e adoção de providências visando evitar reincidências.

O acesso ao Ouvidor está disponível aos clientes por qualquer meio, fax, telefone, carta ou mesmo pessoalmente. Houve ocasi-

---

[14] Entrevista realizada em 08.07.94 com sr. Hélio T. de Carvalho, Ouvidor do Baneb.

Odila de Lara Pinto

ões em que o Ouvidor foi procurado por clientes em sua residência, em pleno domingo, os quais saíram satisfeitos por terem seus pleitos bem aceitos e encaminhados.

As ocorrências acatadas pela Ouvidoria são registradas, sendo uma cópia encaminhada ao Presidente e outra, à área de Marketing do Baneb. Segundo o Ouvidor, é importante que os departamentos observem seu trabalho, pois assim podem acompanhar e avaliar o desempenho da Ouvidoria. O Ouvidor encontra-se com o Presidente uma vez por semana, ocasiões em que este faz questão de saber o desfecho de algumas das ocorrências e o desembaraço das unidades para as soluções.

Apesar de estar diretamente vinculado ao Presidente, o ombudsman mantém um bom relacionamento com outros diretores e os problemas são resolvidos através do diálogo com as demais áreas do Banco. A administração participativa do Baneb contribui para que haja interação entre as diretorias. Um exemplo é a "Reunião de Coordenação", onde se reúnem a média administração do Banco, as diretorias e o Ouvidor, para discussão dos problemas e tomada de decisões para as respectivas soluções. Segundo o Ombudsman, não tem sido observado nenhum caso de negligência das áreas para as providências por ele sugeridas.

Resistências internas foram vencidas através do esclarecimento das funções e benefícios do Ouvidor. Inicialmente, havia rejeição dos funcionários contra a prática de reclamação dos clientes ao Ouvidor. Atualmente, porém, há até uma agência que achou por bem instituir uma espécie de ouvidor local, para os problemas mais corriqueiros. O Ouvidor oficial, entretanto, não deixa de ter conhecimento do que se passa e esclarece que Ouvidor é um só, mas os problemas dos clientes são de todos os funcionários.

Palestras e debates realizados junto às turmas do Centro de Treinamento do Baneb, por ocasião do encerramento dos cursos, contribuíram para aproximação do Ouvidor com o funcionalismo e para o esclarecimento da sua função: " ser o elo de ligação entre a empresa e os clientes, procurando detectar alguma falha porventura não identificada." Além disso, palestras realizadas pelo Ouvidor em universidades e entrevistas dadas na mídia falada e escrita contribuíram para uma repercussão positiva, tanto no quadro funcional do Banco, como externamente.

Destacam-se na experiência da Ouvidoria do Baneb o atendimento aos clientes externos e funcionários e o seu relacionamento com o Conselho de Clientes, denominado Concliente Baneb. Segundo o Ouvidor, a preocupação com seus funcionários decorre do fato de que "muitas vezes a falta de atenção com o cliente é consequência de um problema pessoal do funcionário." Ele esclarece que não substitui a área de Recursos Humanos, mas que dá encaminhamento do assunto, após ouvir e orientar o funcionário para poder corrigir o que está havendo de errrado com o mesmo. O sr. Hélio também participa das reuniões com o Conselho de Clientes , composto por clientes apresentados pelas agências para representar a clientela do Baneb. Este Conselho não tem poder de decisão, porém tem sido muito atuante e portador de críticas, que são repassadas para o Ouvidor.

A atuação da Ouvidoria do Baneb permitiu a reaproximação do Banco com o seu principal cliente, o funcionalismo público que, obrigado a manter um vínculo com o Banco para recebimento de seus vencimentos, representava o segmento mais crítico em relação àquela Instituição.

A experiência do ombudsman ou da Ouvidoria Geral no Banco do Estado da Bahia faz parte integrante de um Planejamento Estratégico para Modernização do Baneb (1992) e caminha em uníssono com o seu Programa de Educação para Qualidade – PEQ. Os esforços constantes do Baneb para melhorar a imagem do Banco conduziram-no à conquista de prêmios, a exemplo do Marketing Best 1995, tornando-se modelo inspirador para outras organizações.

Odila de Lara Pinto   97

Banco de Brasília S.A.

A Ouvidoria do BRB – Banco de Brasília surgiu a partir da consciência da necessidade de um canal pelo qual seus 280 mil clientes pudessem interagir com o Banco. Em março de 1996, subordinada diretamente ao Presidente, a Ouvidoria Geral passou a funcionar com seis servidores: o Ouvidor Geral que apura imparcialmente as denúncias ou reclamações e sugere ações que visem ao aprimoramento administrativo e encaminha e acompanha as sugestões; um Gerente de Processos, auxiliar e substituto do Ouvidor Geral; dois escriturários para o atendimento telefônico; um encarregado de serviços que recepciona os clientes, encaminhando-os ao Ouvidor, e oferece apoio administrativo à unidade.

No ano de 1996, a Ouvidoria registrou cerca de 3.500 ocorrências, em média 340/mês, sendo que destas 57% foram reclamações. Não são registrados os contatos telefônicos, em que são prestadas informações de imediato e que representam cerca de 300 consultas/mês. Das ocorrências, 59% obtêm solução em até 48 horas e 73% dos clientes manifestaram satisfação com o encaminhamento do problema. O prazo de solução não é informado ao cliente. "A pretensão é superar sua expectativa quanto ao tempo de resolução do problema" – afirma o Sr. Antônio Celso Naves, Ouvidor do BRB.[1]

Em 91% dos casos, o cliente contata a Ouvidoria através do telefone, podendo fazê-lo ainda pessoalmente, por escrito, pela Internet ou por meio de outros órgãos, como, por exemplo, a Imprensa, o Bacen ou o Procon, que encaminham a queixa à Ouvidoria que, por sua vez, lhe dá o devido tratamento.

Segundo Celso, "a atuação da Ouvidoria transcende o serviço de atendimento ao cliente, pois reduz o grau de insatisfação, evitando inclusive a demanda judicial, favorece a adequação de nor-

---

[1] Entrevista realizada em março/97 por ocasião do 2° Workshop de Ouvidorias – cujo tema foi Situação e Perspectivas das Ouvidorias do GDF.

mas, parceria entre as áreas e aprimoramento dos produtos e serviços. A Ouvidoria constitui-se canal acessível e oportuno ao exercício da cidadania, em especial para os segmentos da clientela com menor poder de barganha e é também um instrumento de fidelização de clientes".

Dessa forma, a experiência do BRB em pouco tempo despertou interesse de outras instituições do Distrito Federal: Polícia Militar, Hospital Materno Infantil, vinculado à Secretaria da Saúde do DF, CEB – Companhia Energética de Brasília, Senado Federal e outros. Ressalta-se que a Câmara Distrital está analisando proposta para instituição de Ouvidoria em nível de Governo do DF.

O sucesso da Ouvidoria do BRB é descrito por Celso como estando diretamente relacionado "à receptividade e apoio de todo o corpo funcional e ao efetivo patrocínio da autoridade maior da empresa. Seu êxito requer um ambiente participativo e interativo e o entendimento claro do seu papel como um elemento de parceria e não fiscalização".

"Ao mesmo tempo que é muito simples atuar em uma Ouvidoria, pois a maioria das questões trazidas pelos clientes são de solução simples, é também um grande desafio, pois estamos lidando com mudança comportamental, criando consciência para a necessidade de oferecer tratamento justo e ético ao nosso cliente."

Capítulo IV

Confirmação empírica

1. Metodologia

Foram realizadas entrevistas com o universo dos ombudsman bancários brasileiros, os quais descreveram suas contribuições à organização. Posteriormente, foram consultados catorze diretores da cúpula administrativa desses bancos, através de questionários, colhendo-se a opinião pessoal deles em relação às contribuições do instituto. Pela exiguidade de tempo para cumprimento da entrega deste trabalho dentro do prazo acadêmico e pela dificuldade dos diretores retornarem os questionários respondidos, em decorrência de suas responsabilidades e ocupação, foram abordados apenas os aspectos essenciais levantados pelos ombudsman.

Em seguida, foi realizada uma consulta ao órgão de defesa do consumidor, Procon de São Paulo, para saber se o número das ocorrências de reclamações dos bancos diminuíram depois da instituição dos ombudsman em seus quadros.

2.Consultando a cúpula administrativa dos bancos

Foram colhidas as opiniões de catorze diretores da cúpula administrativa dos Bancos Nacional e Real, sobre o ombudsman e suas contribuições para a organização. Esta coleta de opiniões deu-se através de questionário (anexo A), elaborado com 11 perguntas fechadas e uma aberta (tabulada no anexo B). Os resultados da pesquisa foram:

Questão 1: Houve alterações de normas internas para melhoria dos serviços e simplificação de rotinas, a partir de encaminhamento de sugestões pelo ombudsman?

Figura 1 Tabulação da questão 1

Figura 2 Tabulação do grau de importância da questão 1

78,6% dos entrevistados responderam que houve alterações de normas internas para melhoria dos serviços e simplificação de rotinas, a partir de encaminhamento de sugestões pelo ombudsman. 21,4% responderam que não houve alterações. As alterações ocorridas tiveram o grau de importância de: 9,1% baixa; 9,1% pouco baixa; 54,5% pouco alta e 27,3% alta, ou seja, as alterações havidas foram significativas.

Questão 2: A atuação do ombudsman já provocou alguma alteração estrutural em sua área de atuação que redundasse em melhoria de comunicação entre os departamentos?

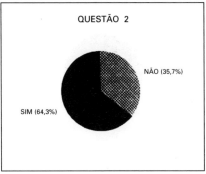

Figura 3 Tabulação da questão 2

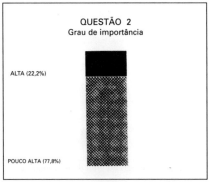

Figura 4 Tabulação do grau de importância da questão 2

64,3% dos entrevistados responderam que a atuação do ombudsman provocou alteração estrutural em sua área, redundando em melhoria de comunicação entre os departamentos. 35,7% responderam que não. As alterações estruturais havidas foram de significativa importância:77,8% pouco alta e 22,2% alta importância.

Questão 3: Através da atuação do ombudsman houve alterações de procedimentos operacionais?

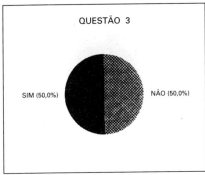

Figura 5 Tabulação da questão 3

Figura 6 Tabulação do grau de importância da questão 3

50% dos entrevistados responderam não e 50%, sim. Dos que responderam positivamente, o grau de importância dessas alterações foi de: 71,4% pouco alta e 28,6% alta.

Questão 4: Com a implantação do ombudsman, houve uma mudança de postura administrativa tornando-a mais voltada para o cliente?

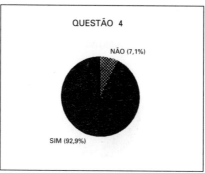

Figura 7 Tabulação da questão 4

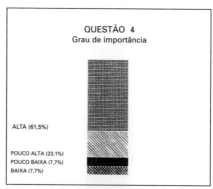

Figura 8 Tabulação do grau de importância da questão 4

92,86% responderam que com a implantação do ombudsman houve uma mudança de postura administrativa voltada mais para o cliente. Para 7,14% não houve essa mudança. O grau de importância de mudança de postura foi considerada significativa: 7,7% baixa, 7,7% pouco baixa, 23,1% pouco alta e 61,5% alta importância.

Questão 5: A atuação do ombudsman facilitou a participação dos funcionários nas decisões administrativas?

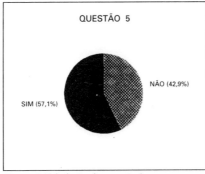

Figura 9 Tabulação da questão 5

Figura 10 Tabulação do grau de importância da questão 5

57,14% dos entrevistados responderam sim à questão e 42,86% não. O grau de participação foi de: 37,5% pouco baixa, 50% pouco alta e 12,5% alta importância.

Questão 6: Com a atuação do ombudsman tornou-se mais claro para a diretoria o que se passa com o cliente?

Figura 11 Tabulação da questão 6

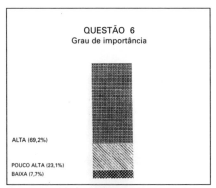
Figura 12 Tabulação do grau de importância da questão 6

92,86% dos entrevistados responderam que passaram a ver melhor o que se passa com o cliente com a atuação do ombudsman. Para 7,14% não houve melhora. O grau de importância da contribuição do ombudsman foi significativo: 7,7% baixa, 23,1% pouco alta e 69,2% alta importância.

Questão 7: O trabalho do ombudsman provocou maior interação entre as diversas unidades da organização?

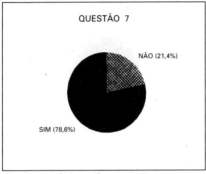

Figura 13 Tabulação da questão 7

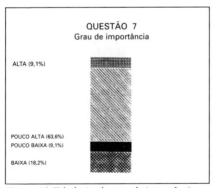

Figura 14 Tabulação do grau de importância da questão 7

O ombudsman provocou interação entre as diversas unidades da organização para 78,6% dos entrevistados. Para 21,4% não. Essa interação foi significativa: 18,2% baixa, 9,1% pouco baixa, 63,6% pouco alta e 9,1% alta importância.

Questão 8: A atuação do ombudsman provoca maior motivação nas pessoas?

Figura 15 Tabulação da questão 8

Figura 16 Tabulação do grau de importância da questão 8

Para 69,2% dos entrevistados, o ombudsman provoca maior motivação nas pessoas contra a opinião de 30,8%. A motivação provocada é significativa: 22,2% pouco baixa e 77,8% pouco alta importância.

Questão 9: O ombudsman tem contribuído para o desenvolvimento dos Recursos Humanos da Organização?

Figura 17 Tabulação da questão 9

Figura 18 Tabulação do grau de importância da questão 9

As opiniões dos entrevistados foram divididas. 50% acharam que o ombudsman contribui para o desenvolvimento dos Recursos Humanos e 50% acharam que não. As contribuições do ombudsman foram consideradas significativas pelos que responderam afirmativamente a questão: 16,7% pouco baixa e 83,3% pouco alta.

Questão 10: O ombudsman tem contribuído para a melhoria da qualidade dos serviços?

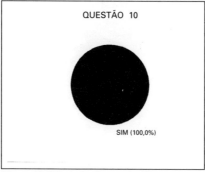

Figura 19 Tabulação da questão 10

Figura 20 Tabulação do grau de importância da questão 10

A opinião de que o ombudsman tem contribuído para a melhoria da qualidade dos serviços foi unânime (100%). E esta contribuição foi considerada siginificativa pelos entrevistados: 14,3 baixa, 35,7% pouco alta e 50% alta importância.

Questão 11: O ombudsman contribuiu para a divulgação e conscientização dos programas de qualidade da organização?

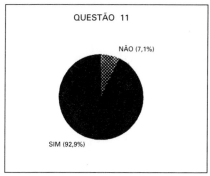

Figura 21 Tabulação da questão 11

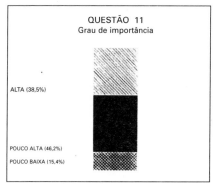

Figura 22 Tabulação do grau de importância da questão 11

A maioria dos entrevistados (92,9%) é da opinião de que o ombudsman contribui para a conscientização e divulgação dos programas de qualidade. 7,1% dos entrevistados acharam que o ombudsman não contribui. A contribuição do ombudsman é significativa para aqueles que responderam afirmativamente a questão: 15,38% pouco baixa, 46,15% pouco alta e 38,46% alta importância.

Concluindo o questionário, os entrevistados manifestaram resumidamente sua opinião com relação à importância do instituto do ombudsman na organização:

O ombudsman é necessário para o cliente e a empresa. Ele propicia a interação entre Banco e cliente, corrige processos e posturas administrativas, contribui para a qualidade dos serviços e para a mudança da cultura da empresa. "O ombudsman é fundamental na empresa que tem a qualidade, a ética e a produtividade como valores persistentes."

3. Confirmação externa

Partindo-se do pressuposto de que o ombudsman auxilia extrajudicialmente nas soluções de conflitos entre clientes e empresa, supôs-se que o número de reclamações das instituições bancárias – Nacional e Real, junto ao órgão de defesa do consumidor Procon, após a instituição do ombudsman, diminuiriam. Feito o levantamento das ocorrências nesse órgão, obteve-se os seguintes quadros: Tabela 2: Número de reclamações no Procon do Banco Nacional –

mar. 1990/mar. 1993

TABELA 2: NÚMERO DE RECLAMAÇÕES NO PROCON DO BANCO NACIONAL
mar. 1990/mar. 1993

Número de ocorrências no Procon:			
Banco Nacional S.A.	Período anterior	março/90 a março/91	nihil
Início de atividade do ombudsman: *março/91*	Período posterior	março/91 a março/92	16
		março/92 a março/93	38

TABELA 3: NÚMERO DE RECLAMAÇÕES NO PROCON DO BANCO REAL MAR. 1989/ MAR. 1993

Número de ocorrências no Procon:			
Banco Real S.A.	Período anterior	março/89 a março/90	1
Início de atividade do ombudsman:	Período posterior	março/90 a março/91	nihil
		março/91 a março/92	3
março/90		março/92 a março/93	3

Os números de ocorrências de reclamações dos Bancos Real e Nacional junto ao Procon não decresceram depois que o ombudsman passou a atuar nessas instituições. Alguns fatores devem ser considerados para explicar os números apresentados, tais como o Códigode Defesa do Consumidor, promulgado em 11 de setembro de 1990 e com vigência em março de 1991, que estimulou a população a fazer reclamações junto ao Procon; o plano Collor, lançado em março de 1990, que introduziu profundas reformas no sistema financeiro, como a apreensão de recursos financeiros dos correntistas; e o fato de que demanda um certo tempo para que a instituição do ombudsman se torne conhecida junto à clientela.

Capítulo VI

Conclusões e recomendações

A partir de sua evolução histórica e universalização, constata-se que o ombudsman tem contribuído para o aperfeiçoamento da máquina administrativa, além de constituir-se em importante instrumental para a proteção individual dos cidadãos. Recebendo as queixas dos cidadãos, ele busca o reparo das injustiças, dos atos administrativos lesivos aos direitos individuais dos cidadãos. Presta esclarecimentos e detecta os pontos problemáticos, apontando-os em seus relatórios que servem de subsídios para o aperfeiçoamento dos serviços públicos. A publicação desses relatórios para conhecimento das pessoas aumenta o poder de sugestão do ombudsman, porque a sociedade passa a cobrar respostas do poder público.

Originariamente voltado para controle da administração pública, sua migração para outros organismos mostra a potencialidade da aplicação do ombudsman em vários campos de atividade e os benefícios dele decorrentes, quer internamente, na melhoria do clima organizacional e qualidade, quer externamente, atuando como eficiente elo entre a empresa e o mercado.

O ombudsman humaniza e personaliza o atendimento e, ao mesmo tempo, possibilita a interação da organização com o ambiente, consolidando sua imagem junto à sociedade. Em seu relacionamento com o cliente, o ombudsman mantém a organização alerta para as mudanças das exigências do consumidor. Por seu intermédio também podem ser realizadas pesquisas de mercado. Cabe ao ombudsman manter-se atualizado com as leis referentes à defesa do consumidor, ao atendimento e ao sistema financeiro, no caso de bancos, propondo correções de normas e procedimentos da organização nos pontos conflitantes. O ombudsman relaciona-se com a mídia e empresas, prestando informações sobre suas funções. Interage, também, com entidades de proteção ao consumidor, procurando solucionar, extrajudicialmente, as queixas de clientes que recorrem àqueles órgãos.

Na defesa do cliente, o ombudsman ouve suas reclamações, sugestões e críticas; decide da procedência ou improcedência das reclamações. Nos casos procedentes, representa o cliente e conduz o seu pleito internamente à organização, cobrando uma solução rápida. Nos casos improcedentes, o ombudsman esclarece os motivos de modo que o cliente fique satisfeito. O acesso ao ombudsman deve ser fácil, permitindo-se o contato pessoal. Isto é recomendável porque demonstra claramente que o ombudsman existe para a defesa do cliente.

O ombudsman também pode atuar na defesa do cliente interno da organização, encaminhando e procurando soluções para as queixas de funcionários prejudicados por decisões administrativas. Mas a atuação do ombudsman na defesa do cliente interno e externo simultaneamente não é recomendável. Deve-se evitar a ampliação demasiada das suas funções, para não comprometer seu desempenho.

Ao internalizar as reclamações dos clientes, o ombudsman tem livre trânsito entre os diversos departamentos da empresa na busca de soluções e identifica seus pontos problemáticos. Em seu relatório, esses pontos são descritos detalhadamente para estudos e ações saneadoras. É recomendável a publicação de casos mais curiosos nos jornais de circulação interna, procurando

Odila de Lara Pinto

conscientizar as pessoas da necessidade do esforço conjunto para erradicação total das falhas, evitando-se as reincidências.

O ombudsman é um importante promotor da qualidade, principalmente para organizações prestadoras de serviços. Através de sua atuação, a organização conhece o perfil de seus clientes e o que se passa com eles, conscientizando a administração da necessidade de posturas orientadas para o cliente e para o atendimento de suas necessidades. O ombudsman direciona a organização para tomar ações corretivas para a satisfação do cliente individual e fornece subsídios importantes para o aperfeiçoamento dos processos e procedimentos na busca da satisfação dos clientes de modo geral. O ombudsman acompanha o desempenho da qualidade da organização continuamente, evitando a acomodação, enquanto ele realiza o seu próprio ciclo de qualidade, ouvindo o cliente, propondo ações corretivas ou prestando esclarecimentos sobre os atos administrativos.

A avaliação do desempenho do ombudsman é feita pelos clientes.Pesquisas são efetuadas junto a eles para saber se o ombudsman vem atuando satisfatoriamente ou não. O modo como o ombudsman atua influencia a organização como um todo.

A eficácia do ombudsman depende da receptividade das pessoas da organização. Ele por si só não resolve todos os problemas, mas se utiliza dos meios já existentes, que devem ser eficientes. Um clima participativo e interativo favorece a eficácia do ombudsman. A divulgação do instituto internamente à organização é tão importante quanto a externa, porque repercute na aceitação e no seu uso adequado pelas pessoas. A sua instituição, portanto, constitui-se num desafio à organização, na sua capacidade de fornecer respostas rápidas.

O ombudsman possui apenas poder de sugerir e de recomendar. Para que a condução das reclamações não encontre resistências dentro da organização é necessário o apoio institucional, ou seja, o comprometimento da mais alta autoridade administrativa.

O apoio institucional diferencia o ombudsman dos serviços de atendimento. A falta do poder de resposta do ombudsman implica a perda da credibilidade do instituto, e como conseqüência, da organização a que pertence. Convém observar que, ao lado da afinidade necessária entre a pessoa que exerce as funções de ombudsman e o presidente ou a mais alta autoridade, não menos importante é a conscientização das pessoas da organização da importância do esforço conjunto para a consecução dos objetivos do instituto. Recomenda-se um trabalho de "endomarketing" para o comprometimento de todos os funcionários com os objetivos organizacionais e, mais especificamente, com a eficácia do ombudsman.

Ao mesmo tempo que o ombudsman deve possuir o respaldo do presidente ou da mais alta autoridade da organização, ele deve ser independente em relação à cúpula. Sua imparcialidade e autonomia de ação é garantida por mandatos e leis gerais de atuação, nunca específicas.

O ombudsman deve ter um perfil adequado para o exercício de suas funções. Deve ter paciência, sensibilidade e respeito pelo cliente. Recomenda-se, ainda, que seja um hábil relações públicas e que conheça as pessoas e a organização em que vai atuar.

No setor bancário brasileiro, pelas entrevistas realizadas com os ombudsman bancários do Brasil e pela coincidência dos depoimentos da cúpula administrativa dos bancos a que eles pertencem, constatou-se que, nessas organizações, os ombudsman se revelaram "agentes de mudanças." A grande e complexa estrutura dos bancos dificulta a percepção pela diretoria do que se passa com o cliente. O ombudsman propicia à cúpula administrativa maior visualização do cliente. Através de sua atuação, alteraram-se normas para melhoria dos serviços e simplificação de rotinas.

Ele provocou mudanças estruturais, que melhoraram a comunicação entre os departamentos, e mudanças comportamentais, tais como: posturas administrativas mais voltadas para o cliente, maior participação nas decisões administrativas, interação entre as diversas unidades da organização, motivação nas pessoas e melhoria da qualidade dos serviços. Também colaborou para a conscientização e divulgação dos programas de qualidade já existentes.

Por ocasião de sua adoção, recomenda-se que sejam efetuados estudos preliminares por equipe interdisciplinar, composta de pessoas das áreas de planejamento estratégico, de marketing, da qualidade e de formação de pessoal, para que ações conjuntas possam potencializar as contribuições do ombudsman para a organização que o implementa. Essa equipe agiria na divulgação do instituto, conscientizando e sensibilizando as pessoas para sua boa aceitação e uso adequado desse instrumento. Ela acompanharia a atuação do ombudsman empregando ações conjuntas para o desenvolvimento de mecanismos novos para o aperfeiçoamento dos processos e procedimentos da organização. Alguns exemplos desses mecanismos são "ombudsman por um dia", programa desenvolvido com a área de Recursos Humanos e o desempenho do ombudsman em consonância com o "serviço de controle de qualidade", mencionados pelos ombudsman do Banco Nacional e do Banco Real, respectivamente.

A equipe de trabalho dos ombudsman nesses bancos revelou-se pequena em relação à importância de sua atuação. E assim se recomenda que o ombudsman atue com suporte de uma equipe, composta com quantidade e qualidade de elementos apenas necessários para o seu bom desempenho. O ombudsman deve poder contar, ainda, com bom suporte material ou sistemas que lhe propiciem boa comunicação com os clientes e prestação rápida das informações solicitadas.

O ombudsman deve ter prioridade de resposta quando consultar as diversas unidades da organização, preservando sua credibilidade junto aos clientes. É bom que todos se conscientizem que a perda da credibilidade do ombudsman implica a perda da credibilidade da organização como um todo.

Pelas contribuições que o ombudsman proporciona aos clientes e empresas descritas neste trabalho, recomenda-se a disseminação do instituto sem, contudo, distanciar-se das características e propósitos originais, garantias de sua eficácia.

Ressalta-se, finalmente, a sugestão da ex-ombudsman do Banco Pernambuco S.A, Maria Amélia Soares Parreira, de fundar-se uma "Associação Nacional do Ombudsman", que viria a fortalecer e aperfeiçoar o exercício dessa função, que se recomenda ser uma constante em nossa sociedade.

Hoje, já se tem conhecimento de que, do 1ºEncontro Brasileiro de Ouvidores, realizado em 16/3/94 na Paraíba, resultou a fundação da ABO – Associação Brasileira de Ouvidores, cuja diretoria executiva foi constituída pelos seguintes membros: Presidente da ABO – DR. Nilo Entholzer Ferreira (Ouvidor da Prefeitura de Santos – SP); Vice-Presidente – Dr. Rubens Pinto Lyra (Presidente do Conselho Estadual de Defesa dos Direitos do Homem e do Cidadão – Ceddhc/PB; Diretor Administrativo e Financeiro – DR. Luciano Spina França (Ouvidor do Instituto de Psiquiatria do Hospital das Clínicas de São Paulo); e Diretor da Secretaria Geral – Sra. Júlia Maria de Souza Clemente (Ouvidora do Instituto de Pesos e Medidas do Estado de São Paulo – Ipem-SP).

A ABO possuía também os vices regionais: Norte – representado pelo Dr. Lauro Augusto A. Pastor Almeida (Ouvidor da Telemazon); Nordeste – DR. Pedro Montenegro (Coordenador do Programa Especial da Cidadania e Direitos Humanos de Alagoas); Centro-Oeste – Dr. Eduardo Augusto Alfaix Assis (Ouvidor da Telegoiás); Sudeste – Sra. Vera Giagrande (Ombudsman do Grupo Pão de Açúcar – SP); e Sul – Dr. Tadeu Busmardo (Gerente do Departamento de Ouvidoria da Telepar).

Os Conselhos Deliberativo e Fiscal, foram também constituídos por ombudsman ou ouvidores de várias atividades e regiões do País.

Odila de Lara Pinto 121

A ABO parece congregar predominantemente Ouvidores ou ombudsman atuantes na área pública. Já a Secanp – Associação Nacional de Profissionais de Serviços a Consumidores em Empresas é uma associação civil, sem fins lucrativos, que surgiu em outubro de 1989 e congrega profissionais da área de serviços a consumidores de várias empresas. Sílio Jader Noronha Brito, Ombudsman do Banco Real, é um dos sócios fundadores da Secanp e Hélio Carvalho, ombudsman do Baneb, associado da ABO.

Faziam parte da gestão em outubro de 1995 da Secanp: Maria Sílvia Monteiro da Silva (Nestlé) – como Presidente e Diretora Científico-Cultural; Regina Andrade (Alameda Café) – Diretora Financeira; Elaine Cristina Beraldo (Perdigão) – Diretora Administrativa; Susana Kikron (Microsoft) – Diretora Adjunta; Eda Sbrighi (Colgate Palmolive), Mausie P. Bueno (O Boticário) e Myrian Naime (Credicard) – do Conselho Fiscal.

Essas associações – Secanp e ABO – visam proporcionar oportunidades de reflexão e troca de experiências entre os profissionais que atuam como ombudsman ou na área de prestação de serviços ao consumidor.

A relevância do tema tratado neste livro pode ser observada pelo crescimento vertiginoso dos profissionais atuantes, provenientes de vários ramos de atividade, desde 1991, quando foram iniciadas as primeiras pesquisas para elaboração deste trabalho e pela tendência de crescimento e fortalecimento dessas associações, que devem zelar também para o bom desempenho do profissional da área.

Cabe aos cidadãos utilizarem esses canais que se abrem voluntariamente e que proporcionam, quando bem instituídos, satisfação ao cliente e benefícios à empresa e à sociedade.

Anexos

Anexo A
Questionário

Universidade de Brasília – UnB

Objetivo do estudo

O presente questionário, constituído de doze questões objetivas, faz parte de um trabalho acadêmico. Ele visa obter informações das contribuições que o "ombudsman" proporciona à empresa que o adota.

Assim, solicito a V. Sa., em face da experiência adquirida, o obséquio de manifestar sua valiosa opinião nas questões abaixo.

A identificação é opcional, uma vez que a tabulação dos dados será feita de modo a garantir o sigilo absoluto.

Agradecendo a colaboração,

Atenciosamente

Odila de Lara Pinto

QUESTIONÁRIO

1) Houve alterações de normas internas para melhoria dos serviços e simplificação de rotinas, a partir de encaminhamento de sugestões pelo ombudsman?

( ) Não
( ) Sim

Em caso afirmativo, informe o grau de importância dessas alterações, fazendo um círculo na escala:

IMPORTÂNCIA   IMPORTÂNCIA
BAIXA I_____I_____I_____I ALTA

2) A atuação do ombudsman já provocou alguma alteração estrutural em sua área de atuação que redundasse em melhoria de comunicação entre os departamentos?

( ) Não
( ) Sim

Em caso afirmativo, informe o grau de importância dessas alterações, fazendo um círculo na escala:

IMPORTÂNCIA   IMPORTÂNCIA
BAIXA I_____I_____I_____I ALTA

ANEXOS

3) Através da atuação do ombudsman houve alterações de procedimentos operacionais?
( ) Não
( ) Sim

Em caso afirmativo, informe o grau de importância dessas alterações, fazendo um círculo na escala:

IMPORTÂNCIA   IMPORTÂNCIA
   BAIXA   I_____I_____I_____I   ALTA

4) Com a implantação do ombudsman, houve uma mudança de postura administrativa tornando-a mais voltada para o cliente?
( ) Não
( ) Sim

Em caso afirmativo, informe o grau de importância de mudança de postura, fazendo um círculo na escala:
IMPORTÂNCIA   IMPORTÂNCIA
   BAIXA   I_____I_____I_____I   ALTA

5) A atuação do ombudsman facilitou a participação dos funcionários nas decisões administrativas?
( ) Não
( ) Sim

Em caso afirmativo, informe o grau de participação, fazendo um círculo na escala:

IMPORTÂNCIA   IMPORTÂNCIA
   BAIXA   I_____I_____I_____I   ALTA

128 Ombudsman ~ Instituições Bancárias Brasileiras

6) Com a atuação do ombudsman tornou-se mais claro para a diretoria o que se passa com o cliente?
( ) Não
( ) Sim

Em caso afirmativo, informe o grau de importância dessa contribuição do ombudsman, fazendo um círculo na escala:

IMPORTÂNCIA   IMPORTÂNCIA
    BAIXA   I_____I_____I_____I   ALTA

7) O trabalho do ombudsman provocou maior interação entre as diversas unidades da organização?
( ) Não
( ) Sim

Em caso afirmativo, informe o grau de importância dessa interação, fazendo um círculo na escala:

IMPORTÂNCIA   IMPORTÂNCIA
    BAIXA   I_____I_____I_____I   ALTA

8) A atuação do ombudsman provoca maior motivação nas pessoas?
( ) Não
( ) Sim

Em caso afirmativo, informe o grau da motivação, fazendo um círculo na escala:

IMPORTÂNCIA   IMPORTÂNCIA
    BAIXA   I_____I_____I_____I   ALTA

ANEXOS

9) O ombudsman tem contribuído para o desenvolvimento dos Recursos Humanos da Organização?
( ) Não
( ) Sim

Em caso afirmativo, informe o grau da contribuição, fazendo um círculo na escala:

IMPORTÂNCIA   IMPORTÂNCIA
BAIXA   I_____I_____I_____I   ALTA

10) O ombudsman tem contribuído para a melhoria da qualidade dos serviços?
( ) Não
( ) Sim

Em caso afirmativo, informe o grau dessa contribuição, fazendo um círculo na escala:

IMPORTÂNCIA   IMPORTÂNCIA
BAIXA   I_____I_____I_____I   ALTA

11) O ombudsman contribuiu para a divulgação e conscientização dos programas de qualidade da organização?
( ) Não
( ) Sim

Em caso afirmativo, informe o grau de importância dessa contribuição, fazendo um círculo na escala:

IMPORTÂNCIA   IMPORTÂNCIA
BAIXA   I_____I_____I_____I   ALTA

Cabe ao ombudsman manter-se atualizado com as leis referentes à defesa do consumidor, ao atendimento e ao sistema financeiro, no caso de bancos, propondo correções de normas e procedimentos da organização nos pontos conflitantes. O ombudsman relaciona-se com a mídia e empresas, prestando informações sobre suas funções. Interage, também, com entidades de proteção ao consumidor, procurando solucionar, extrajudicialmente, as queixas de clientes que recorrem àqueles órgãos.

Em face de sua percepção e experiência, qual a sua opinião sobre a importância do instituto do ombudsman em sua organização?

_____

_____

_____

_____

_____

_____

_____ fim.

Anexos

Anexo B
Tabulação da questão aberta

Pergunta aberta dirigida à cúpula administrativa dos Bancos Real e Nacional: Em face de sua percepção e experiência, qual a sua opinião sobre a importância do instituto do ombudsman em sua organização?

RESPOSTAS:

– "A possibilidade do cliente ter um caminho claro para buscar a solução ou sugerir sobre algum assunto que o tenha incomodado, faz com que: 1) O cliente se sinta valorizado e respeitado. 2) Cria oportunidade da área envolvida contatar o cliente, resolver e aperfeiçoar aquele produto, serviço ou atitude. 3) É um modelo de observação "on-line" que capta a reclamação, – sugestão com a emoção do que o cliente sente em relação à organização."

– "É fundamental na empresa que tem a qualidade, ética e produtividade como valores persistentes."

– "Desde a 'criação' do ombudsman houve sensível evolução quanto a necessidade de se ouvir os clientes (sempre) e interagir com as áreas que afetam o relacionamento Banco x cliente, corrigindo-se ou alterando-se processos e posturas de forma a atender e superar as suas necessidades/expectativas."

– "Foco total (e definitivo) na satisfação dos clientes."

– "Necessária."

– "Mostra a importância dada pela Empresa para a Qualidade de Serviços prestados aos clientes."

– "Trata-se de uma entidade relativamente nova, porém já provocando algumas reações positivas quer do ponto de vista interno ou externo."

– "Acho importante o seu trabalho porque o cliente passa a ter uma representação institucionalizada junto aos vários órgãos do banco. Não cabe dúvida de que toda empresa tem total consciência da importância do cliente. A grande contribuição do ombudsman é fazer com que as sugestões/críticas sejam tratadas de forma institucional."

– "A satisfação do cliente através da qualidade é uma meta que deve ser alcançada pela organização e o ombudsman é uma peça vital para atingir este propósito, pois é o principal articulador na mudança de 'cultura' da empresa."

– " É a maneira de descobrir o que acontece com o atendimento do pessoal de linha de frente aos nossos clientes. A satisfação de cada um, a necessidade de sugerir/reclamar. O cliente sabe que existe alguém naquela empresa que irá solucionar os seus problemas, não resolvidos pelas agências."

– "A existência do ombudsman em nossa Organização é de fundamental importância, não só no atendimento das reclamações da clientela, como também serve de termômetro de medição do nível de atendimento que vem sendo propiciado à mesma."

ANEXOS

Anexo C
Lista de Tabelas

Tabela 1: Quadro sinóptico da universalização e características do ombudsman

Tabela 2: Número de reclamações no Procon do Banco Nacional – mar.1990/mar.1993

Tabela 3: Número de reclamações no Procon do Banco Real mar.1989/mar.1993

Anexo D
Lista de Figuras

Figura 1: Tabulação da questão 1

Figura 2: Tabulação do grau de importância da questão 1

Figura 3: Tabulação da questão 2

Figura 4: Tabulação do grau de importância da questão 2

Figura 5: Tabulação da questão 3

Figura 6: Tabulação do grau de importância da questão 3

Figura 7: Tabulação da questão 4

Figura 8: Tabulação do grau de importância da questão 4

Figura 9: Tabulação da questão 5

Figura 10: Tabulação do grau de importância da questão 5

Figura 11: Tabulação da questão 6

Figura 12: Tabulação do grau de importância da questão 6

Figura 13: Tabulação da questão 7

Figura 14: Tabulação do grau de importância da questão 7

Figura 15: Tabulação da questão 8

Figura 16: Tabulação do grau de importância da questão 8

Figura 17: Tabulação da questão 9

Figura 18: Tabulação do grau de importância da questão 9

Figura 19: Tabulação da questão 10

Figura 20: Tabulação do grau de importância da questão 10

Figura 21: Tabulação da questão 11

Figura 22: Tabulação do grau de importância da questão 11

Odila de Lara Pinto

Referências bibliográficas

A ARTE de comandar sem tropeçar. *Exame*, São Paulo: Abril, ed. 517, ano 24, n.22, p. 89, 28 out. 1992.

A NOVA Constituição da República Federativa do Brasil 1988. Rio de Janeiro: Folha Carioca. [1988?]

ACQUAVIVA, Marcus Cláudio. *Código de Defesa do Consumidor anotado.* 2 ed. São Paulo: Hemus, 1991.

AMARAL, Luiz. Código do Consumidor e precauções. *Revista do Consumidor,* Porto Alegre, n° 78, ano XII, p. 7.

ÁNGELIS, Dante Barrios de. *Introducción al Estudio del Proceso*: la psicología y la sociología del proceso – El Ombudsman (La defensa de los intereses difusos). Argentina: Depalma Buenos Aires, 1983.

ARQUIVO Nacional. *Fiscais e meirinhos : a administração no Brasil colonial.* Coordenação de Graça Salgado. 2 ed. Rio de Janeiro: Nova Fronteira, 1985.

ASPER Y VALDÉS, Daisy de. Ombudsman: um mecanismo democrático para o controle da administração. *Revista de Informação Legislativa,* Brasília, ano 27, n° 106, p. 131-152, abr/jun. 1990.

BANCO de PE tem mulher em cargo de ombudsman: Funcionária diz ter muitos amigos entre clientes. *Folha de S. Paulo,* São Paulo, ago. 1991.

BANCOS usam onbudsman [sic] para atrair cliente. *Correio Braziliense.* Brasília, 5 jan. 1992.

BARROS, Claudius D'Artagnan C. de. *Qualidade & Participação:* o caminho para o êxito. São Paulo: Nobel, 1991.

BEIGBEDER, Yves. L'influence de modèles administratifs nationaux sur le système administratif des institutions des Nations Unies. *Revista Internacional de Ciências Administrativas.* v. 50, n° 2, p. 148-156, 1984.

BERABA, Marcelo. O "El País" tem um jornalista para defender os leitores. *Folha de S. Paulo*, São Paulo, 16 ago. 1987.

BERTALANFFY, Ludwig Von. *Teoria Geral dos Sistemas*. Petrópolis: Vozes, 1975.

BOBBIO, Norberto, MATTTEUCCI, Nicola e PASQUINO, Gianfranco. 1909. *Dicionário de Política*. 3. ed. Brasília: Universidade de Brasília: Linha Gráfica, 1991. v. 2. p. 838-842.

BRASIL. Lei n° 8.490, de 19 de novembro de 1992. Dispõe sobre a organização da Presidência da República e dos Ministérios e dá outras providências. *Diário Oficial [da República Federativa do Brasil]*, Brasília, p.16061-16064, 19 nov.1992. Seção I.

BRITO, Sílio Jader Noronha. *O Papel do ouvidor de clientes (ombudsman)*. I QUALISERV – Seminário Nacional sobre Qualidade de Serviços, São Paulo, 3-4 jul. 1991.

CASTELO, Inês. Código leva empresas a contratar ombudsmen. *Folha de S. Paulo*, 12 maio 1991.

_____. Entidades instituem o cargo. *Folha de S. Paulo*, São Paulo, 12 maio 1991.

COSTA, Caio Túlio. *O Relógio Pascal :* a experiência do primeiro ombudsman de imprensa no Brasil. São Paulo: Siciliano, 1991. 263 p.

_____. *A experiência do ombudsman no Brasil.* Anais da XIII Conferência Nacional da Ordem dos Advogados do Brasil, Belo Horizonte: OAB, 23-27 set. 1990. p. 677-683.

_____. Quando alguém é pago para defender o leitor. *Folha de S. Paulo*, São Paulo, 24 set. 1989.

"DE olho no consumidor": Os programas Ombudsware e SAC organizam, no micro, todo o serviço de atendimento ao cliente das empresas. *Revista Informática-Exame*, São Paulo: Abril, ano 7, n° 5, p. 27, maio 1992.

DESFEUILLES, Henri. *Le Pouvoir de Controle des Parlement*

Odila de Lara Pinto

Nordiques. Paris: Librairie Générale de Droit et de Jurisprudence. 1973.

EDLING, Axel. "Cláusulas contratuais abusivas: a solução sueca para um problema de consumo." *Revista dos Tribunais,* São Paulo, ano 77, v. 629. p. 7-9, mar. 1988.

"El País" mantém "ombudsman" para servir os leitores. *Folha de S. Paulo,* São Paulo, 13 abr. 1986.

EM AL, jornal da família Collor vai criar função de ombudsman. *Folha de S. Paulo,* São Paulo, 28 nov. 1991.

EVENTOS & NOTÍCIAS, QSP – Centro Brasileiro da Qualidade, Segurança e Produtividade. *Boletim Informativo,* São Paulo, n° 3, jul. 1991.

FILHO, Marcos Jordão Teixeira do Amaral. O ombudsman e o controle da administração. *Folha de S. Paulo,* São Paulo, 5 de jan. 1992.

_____. O papel do ombudsman. *Folha de S. Paulo,* São Paulo, 20 out. 1989.

FOISIE atuou no "Washington Post." *Folha de S. Paulo,* São Paulo, 17 out. 1991.

GALLO, Carlos Alberto Provenciano. O Ouvidor-Geral e o Ombudsman: duas instituições distintas, *Revista de Informação Legislativa,* Brasília: Senado Federal, Subsecretaria de Edições Técnicas, a. 23, n° 92, p. 257-260, out./dez. 1986.

GARVIN, David. A. *Gerenciando a qualidade:* a visão estratégica e competitiva. Rio de Janeiro: Qualitymark, 1992.

GRUPO Garavelo tem ombudswoman. *Folha de S. Paulo,* São Paulo, 30 jan. 1992. Caderno 3.

GUALAZZI, Eduardo Lobo Botelho. *Justiça Administrativa.* SãoPaulo: Editora Revista dos Tribunais, 1986.

HIDÉN, Mikael. *The Ombudsman in Finland:* the first fifty years. E.U.A.: Institute of Governmental Studies; University of California, Berkeley, 1973.

140 Ombudsman ~ Instituições Bancárias Brasileiras

HOSPITAL gaúcho cria cargo de "ombudsman." *Jornal do Brasil*, Rio de Janeiro, 1 mar. 1991.

HOSPITAL do RS é o primeiro a ter ombudsman. *Folha de S. Paulo*, São Paulo, 1 mar. 1991.

HURWITZ Stephan. *The Ombudsman: Denmark's Parliamentary Comissioner for Civil and Military Administration*. Copenhagen: Det Danske Selskab, 1961.

JORNAL do Paraná passa a ter seu ombudsman. *Folha de S. Paulo*, São Paulo, 8 nov. 1991.

KATZ, Daniel & KAHN, Robert. *Psicologia Social das Organizações*. 3. ed. São Paulo: Atlas, 1970.

KEENAN, Denis. Eletronic transfers. *DIALOG*, v. 99 p. 106, may 1987.

KERBER, Nathalie Marguerite. *L'Ombudsman Israélien*. Paris: Éditions A. Pedone, 1975.

KHAN, Ziauddin. Simplification and reduction of procedures and controls and deregulation: experiences of Pakistan. *International Review of Administrative Sciences*, v. 55, n° 2, p. 183-197, june 1989.

LEITE, Celso Barroso. *OMBUDSMAN: Corregedor Administrativo*. Rio de Janeiro: Zahar, 1975.

LOBOS, Julio. *Qualidade! Através das pessoas*. São Paulo: J. Lobos, 1991.

MELO, Liana. "Ombudsman" ganha espaço nos bancos: Reclamações vão até problemas conjugais. *O Globo*, Rio de Janeiro, 5 dez. 1991.

MUÑOZ, Ismael López. "El País" cria coluna para discutir seus próprios erros. *Folha de S. Paulo*, São Paulo, 9 dez. 1985.

NAPIONE, Giovanni. *L'Ombudsman – Il Controllore della pubblica Amministrazione*. Milano: Dott. A. Giuffrè Editore, 1969.

NETO, Francisco Fiori. (Tese de Doutorado em Direito Público) – *Ombudsman – sua adoção pelo Direito Pátrio como especial*

Odila de Lara Pinto 141

Agente de Proteção Individual e Promoção Estatal. Faculdade de Direito, Universidade Federal do Rio de Janeiro, 1985.

NETZ, Clayton, com sucursais. Sua Majestade, o Consumidor. *Exame*, São Paulo, ed. 514, ano 24, n° 19, p. 62-68, 16 set. 1992.

O OMBUDSMAN dos importados. *Isto é*, São Paulo: Ed. Três, n° 1204, p. 65, 28 out. 1992.

O São Luiz está de vida nova. *Exame*, São Paulo: Abril, ed. 529, ano 2, n° 8, p. 78, 14 abr. 1993.

O TREM atrasado. *Isto é*. São Paulo: Ed. Três, n° 1212, p. 52-55, 23 dez. 1992.

"OMBUDSMAN" no banco:O Banco Real é Primeiro a ter serviço para reclamações. *Jornal do Brasil*, Rio de Janeiro, 8 fev. 1991.

"OMBUSDMAN" [sic], o advogado do leitor. *Folha de S. Paulo*, São Paulo, 8 dez. 1985.

OMBDUSMAN [sic]: a crítica à atuação da Imprensa. *Caderno de Comunicação PROAL*. [S.l.: s.n.] [198–]

OMBUDSMAN diz onde os bancos devem investir. *Correio Braziliense*, Brasília, 11 mar. 1993. Economia, p. 10.

OMBUDSMAN espanhol ministra curso na PUCRS. *PUCRS – Informação*, [S.l: s.n], p. 3, [1993?].

OMBUDSMAN japonês vê crescimento da função. *Folha de S. Paulo*, São Paulo, 11 jul. 1991.

PREFEITURA Municipal de Curitiba. *Ouvidoria Municipal de Curitiba – Documentos*. Curitiba, 1986.

RICH, Anthony. *Dictionnaire Romaines et Grecques Lodes Antiquités*. Paris: Librairie de Firmin Didotfréres, Fils et Cie, 1861.

ROBLES, Alvaro Gil & DELGADO, Gil. *El Control Parlamentario de la Administracion (El Ombudsman)*. Madrid: Instituto de Estudios Administrativos, 1977.

ROTOLO, Virginia Perifanaki. La Legge Organica Spagnola

sul Defensor del Pueblo. *Rivista Trimestrale Di Diritto Pubblico*, Milano, v. 34, n° 2, p. 518-537, 1984.

ROWAT, Donald C. *El Ombudsman* : el defensor del ciudadano. México: Fondo de Cultura Económica, 1973.

SANTOS, Mario Vitor. Convite à frustração. *Folha de S. Paulo*, São Paulo, 16 fev. 1992.

SÃO Paulo terá o primeiro "ombudsman" verde do País. *Correio Braziliense*, Brasília, 5 jun. 1993. p. 12.

SEYFFERT, Oskar. *Enciclopedia Clásica de mitologia, religión, biografías, literatura, arte y antigüidades.* Buenos Aires: Librería El Anteneo Editorial. [18—?]

STYCER, Maurício. Riscos reais da "ombudsmania." *Folha de SãoPaulo*, São Paulo, 17 out. 1990.

SZNICK, Valdir. Ombudsman e Ministério Público – Defensor Público na Constituição. *Revista Trimestral de Jurisprudência dos Estados.* São Paulo: Jurid Vellenich, a. 12, v. 58, p. 9- 20, nov. 1988.

THE Australian Banking Industry Ombudsman. *Minder*, Australia: Federal Bureau of Consumers Affairs, feb. 1992.

THE Oxford Classical Dictionary. 2 ed. Oxford: Oxford University Press, 1970.

TOFFLER, Alvin. *A Terceira Onda.* 16. ed. Rio de Janeiro: Record, 1980.

TOWNSEND, Patrick L. *Compromisso com a qualidade:* um sistema comprovado de melhoria de qualidade. Rio de Janeiro: Campus, 1991.

TRIPODO, Luiz Carlos. Mercosul: a qualidade deve prevalecer. *Folha de S. Paulo*, São Paulo, 3 nov. 1992.

UMA poderosa arma protege agora os consumidores. *Exame*, São Paulo: Abril, ed. 473, ano 23, n.4, p. 40-47, 20 fev. 1991.

Este livro acaba de ser composto em
Garamont na Musa Editora, em abril de
1998 e impresso pela Paulus Gráfica,
em São Paulo, SP-Brasil,
com filmes fornecidos pelo Editor.